全民阅读体育知识读本

U0723939

拳击——艺术化的搏斗

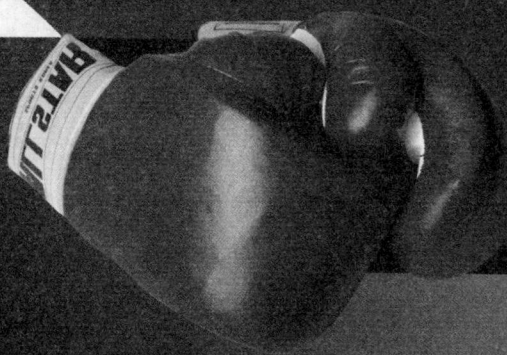

盛文林/著

台海出版社

图书在版编目（CIP）数据

拳击：艺术化的搏斗／盛文林著. －－北京：
台海出版社，2014.7
（全民阅读体育知识读本）
ISBN 978 － 7 － 5168 － 0416 － 2

Ⅰ.①拳… Ⅱ.①盛… Ⅲ.①拳击－基本知识
Ⅳ.①G886.1

中国版本图书馆 CIP 数据核字（2014）第 174944 号

拳击：艺术化的搏斗

著　　者：盛文林

责任编辑：孙铁楠　　　　　　　　装帧设计：视界创意
版式设计：林　兰　　　　　　　　责任印制：蔡　旭

出版发行：台海出版社
地　　址：北京市朝阳区劲松南路 1 号　邮政编码：100021
电　　话：010 － 64041652（发行，邮购）
传　　真：010 － 84045799（总编室）
网　　址：www.taimeng.org.cn/thcbs/default.htm
E － mail：thcbs@126.com

经　　销：全国各地新华书店
印　　刷：北京一鑫印务有限公司
本书如有破损、缺页、装订错误，请与本社联系调换

开　　本：655×960　　　1/16
字　　数：130 千字　　　　　　　印　　张：12
版　　次：2014 年 10 月第 1 版　　印　　次：2021 年 6 月第 3 次印刷
书　　号：ISBN 978 － 7 － 5168 － 0416 － 2

定　　价：29.60 元

前　言

拳击被人们称作是"艺术化的格斗"。由于高水平的拳击手在比赛时，表现出强劲有力的攻防动作，拳法忽然敏捷、攻势凌厉，令人眼花缭乱，并且动作潇洒自如，给人以艺术性的美感。拳击是一种力量、技巧、意志、心理、智慧的竞技和健美的艺术，而且可以培育人高尚的审美观，塑造人的心灵。

拳击是一项对抗性很强的竞技体育项目，是对竞技者体力、体能、技能、心理和战术等多项素质的综合考验。它需要精湛的技术、多变的战术、充沛的体力以及良好的意志品质，是竞技双方力量、技艺、意志、智慧的较量。它不仅能培养和训练人们机智敏捷、沉着果断、勇敢顽强、不屈不挠的精神，而且也是促使身心全面发展的一项实用的健身运动。

拳击需要肌肉的爆发力，需要完美的技术和战术，还要具有坚强拼搏、勇于争胜的意志品德。这不仅对拳击爱好者和拳击运动员的身体素质和心理素质提出了很高的要求，而且，对改善拳击爱好者和拳击运动员的身心健康具有极大的作用，这是拳击运动具有的最显明、最优良的特色。拳击以其独具的魅力吸引着世界各地不同民族、不同肤色的拳击爱好者，成为最受欢迎的奥运会项目之一。

本书从拳击的起源、发展、规则、礼仪、技术以及战术等各方面，对拳击运动进行了详细的介绍，具有很强的实用性和知识性，是青少年学生学习和观赏的最佳读物，也希望本书对拳击运动爱好者和入门者会有所帮助。

前　言

目　录

PART 1 项目起源

古代拳击运动

　　追溯拳击运动的起源，还得从远古时代说起。当时的人类为了狩猎和保护自己，就用拳头、石块、棍棒来抵御野兽或者敌人的袭击，这就是最早的拳击运动的雏形。

　　最初，它是保护人们生命财产的一种手段。有记载表明，它有5000多年的历史。在《不列颠百科全书》就有"公元前40世纪，幼发拉底和底格里斯两河流域发现拳击的遗迹"的记载。古埃及人用象形文字记载了拳击用的护具"皮绷带"。考古学家从巴格达近郊发掘出许多带有拳斗的壁画和雕刻的石头，记载着有关当时拳斗情景和搏斗的场面。

　　后来大约在公元前17世纪，随着拳击运动的不断发展，拳击运动经过地中海的克里特岛传播到古希腊。在爱琴海岸发掘的公元前5世纪一对

有拳斗的壁画

陶瓶上，有两人相互攻防的拳击图案。在希腊神话中，传说雅典王子赛希阿斯（公元前 1000 年）就通晓拳术，曾玩过这种拳击。在美索不达米亚的考古发掘中，也发现了 1700 年以前拳击活动的遗迹。拳击在古希腊受到许多人的欢迎，并且逐渐成为一种流行的体育运动项目。

初期的拳击竞技者都是空手击打，公元前 8 世纪起，拳击者开始使用软皮手套，即相当于身体两倍长的牛皮条用油浸软，然后缠绕手指和手臂。从公元前 5 世纪起，软皮手套逐渐被硬皮手套取代。所谓硬皮手套是用生牛皮从肘部缠向前臂，皮条端部是厚羊毛垫。这种硬皮手套较受拳击竞技者欢迎。因此，它在拳击场上一直被使用到公元前 2 世纪。

古代奥运会的运动员在比赛中
用皮绷带缠在手指关节和小臂上

古代奥运会中的拳击比赛并无专门场地，只要有空旷的平地即可进行，参赛者不分体重级别。比赛规定，除禁止抓握外，允许用拳头或者手掌击打对方身体的任何部位，也可使用包括扭摔在内的任何动作。比赛不分回合，也无时间限制，直到对方投降或者被击倒不起为胜。因此，取胜的因素主要是靠身体、耐力和意志品质。

比赛虽然争斗残酷，但也有了文明的规范，并对违纪选手实施制裁，对于胜者给予优厚的奖励，如竞赛者获得古奥运会拳击冠军，必须立即赶到宙斯像前祈祷致谢，当地统治者置办佳肴美酒，举行隆重庆功大会，并在庄严的音乐声中，亲自赠予棕树枝，用野橄榄叶子编成项圈戴在冠军的脖子上。冠军除了受到隆重的庆祝和赏赐金钱外，还可免除一些纳税义务和劳役，终身由国家供养。如果能够连续获得 3 次冠军，就在奥运会所在地给他塑造巨型雕像。希腊人对古奥运会冠军，即使是战俘也会得到宽大待遇，甚至特赦。

那时的奥运会的优胜拳击手很多，最著名的是格劳柯斯。他在伊斯米亚和勒买亚的比赛中共获得7个冠军，后来奥林匹克为他塑了一个名叫"楔子拳击手"的雕像，雕像特别表现了他手腕动作的速度。他去世后，卡里斯托斯人在一座岛上为他修造了墓地（直到皮桑尼亚时代，这个岛依然还称作格劳柯斯岛）。

古代拳击运动，从开始到发展中期，一直是以市民身心锻炼为主旨的业余体育活动。可是到了后期，拳击就走向了职业化和商业化的道路，拳击运动也变得更加残酷。因此，公元394年，罗马皇帝狄奥多西一世接受了基督教父的请

陶罐上奥运选手进行拳击比赛的图案

求，下令禁止一切拳击活动，流传了十多个世纪的古希腊拳击运动走到了终点。

PART 2 历史发展

现代拳击运动的发展

现代拳击运动于 18 世纪起源于英国，当时比赛不戴拳套，亦无规则和时间限制，直至一方丧失继续比赛的能力为止。英国著名拳击家布劳顿于 1743 年针对拳击比赛的混乱局面，制定出了最早的一份拳击规则，又在 1747 年设计了拳击手套，对近代拳击运动的开展做出了贡献。

1839 年，英国颁布了新的《伦敦拳击锦标赛规则》，1853 年进行修改，禁止用足踢、头撞、牙咬的低击等动作，并规定拳击台四周用绳围起，1867 年英国记者钱伯斯编写了新的拳击规则，强调拳击中的战术和技巧。1880 年伦敦成立了英国业余拳击协会，1881 年举行了第一次英国锦标赛。

1904 年现代拳击运动在美国圣路易举行的第三届奥运会上成为正式比赛项目。第五届奥运会由于瑞典人认为拳击运动有损人的健康，没有设此项目。1924 年第八届奥运会前夕成立了国际业余拳击联合会。

拳击运动进入现代奥运会时，由于竞赛规则和裁判法不完善，很多是借鉴当时职业拳击比赛的规则。比赛的级别是按照当时职业拳赛的 7 个级别进行划分的，并且允许在自己级别夺冠的运动员参加重于自己体重的另一级别的比赛。

第四届奥运会拳击比赛的级别减为 5 个，比赛办法同第三届，运动员可以跨级比赛。从 1920 ~ 1948 年，奥运会拳击比赛的级别为 8 个；1952 ~ 1964 年，奥运会拳击比赛级别为 10 个。1968 ~ 1976 年，奥运会拳击比赛的级别又增加了 48 公斤级，使拳击比赛级别增加至 11 个；而且不再使用原来的轻量级、中量级等称呼，而是变更为数字。1980 ~ 2000 年，奥运会拳击比赛级别又增至 12 个；2004 年，国际业余拳击联合会根据新形势的变化，将业余拳击比赛的级别从 12 个缩减到了 11 个。

2004 年 8 月 27 日是中国拳击史上的一个辉煌时刻。在第二十八届雅典奥运会中，中国拳击运动员邹市明经过激烈的比赛，最终获得一枚宝贵的铜牌，是开创历史的一块铜牌。之后在 2008 年北京奥运会拳击 48 公斤比赛中邹市明获得金牌。2012 年 8 月，邹市明又获得伦敦奥运会男子拳击 49 公斤级冠军，成功卫冕。

从 2012 年开始女子拳击正式成为奥运会比赛项目。

女子拳击运动的发展史

拳击运动是一项对抗性较强的体育运动项目，世界上绝大多数国家都开展了这项运动，而在一些国家，拳击也是最受欢迎的运动项目之一。近年来由于社会的发展，人们意识的改变，女子在政治、经济、文化等方面的地位不断提高，她们在坎坷的体育道路上奋起，不断突破运动的禁区。

1720 年，女子拳击运动在英格兰诞生，2012 年这项运动也终于登上了奥运会的舞台。近 300 年的时间，痴迷于这项运动的姑娘们也终于有机会圆她们的梦想了。这也是奥运会比赛项目中，最后一个成为男女平等的项目。

美国的女子拳击运动

20 世纪 80 年代末，女子拳击运动在北美和北欧一些国家得到了广泛的开展，美国在 1978 年成立第一个女子拳击俱乐部。作为美国奥林匹克国家级的管理部门，美国拳击协会 1993 年首次承认了女子拳击的地位。之后全美注册的女拳手人数急剧增加，1993 年仅为 5

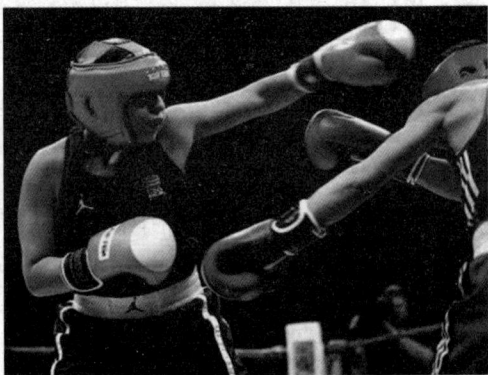

美国女子拳击手

人，1996 年为 34 人，1997 年达到 763 人，1998 年 12 月增至 1281 人。

加拿大的女子拳击运动

20 世纪 70 年代至 80 年代，加拿大有女性加入拳击俱乐部练习拳击，但由于加拿大严禁妇女公开参加拳击和摔跤比赛，因而妇女无法出现在拳击比赛场上。1991 年在加拿大业余拳击协会上，通过了女子拳击修订案，并批准了俱乐部可按拳击协会规定举办女子拳击比赛。

瑞典的女子拳击运动

在瑞典国家拳击协会的支持下，率先于 1988 年举办了女子拳击比赛。人们普遍认为瑞典是欧洲女子拳击运动的领袖之一。

日本的女子拳击运动

日本是亚洲女子拳击运动的后起之秀。各俱乐部的女拳手大多都是抱着与人争强的心态来从事训练。

中国的女子拳击运动

中国最早的女子拳击训练是哈尔滨师范大学女子拳击队，这是我国第一支女子拳击队，成立于1987年8月，参加训练的一共是10位姑娘。1989年，上海大世界娱乐中心有一支由16人组成的女子拳击队，她们当中有工人、职员、大学生和解放军，年龄最小的20岁，最大的37岁。北京1990年在崇文区体校组织开展了女子拳击运动；1993年哈尔滨市第十一中学在哈尔滨体委的协助下成立了哈尔滨拳击学校并组建了女子拳击队。1993年

女拳王张喜燕

11月，国际业余拳击联合会主席在一次新闻发布会上宣布"女子拳击运动将进入国际舞台"。此后女子拳击运动就像雨后春笋般地在我国开展，沈阳体育学院是我国开展女子拳击最早的单位之一。通过十余年的努力，它为中国的女子拳击运动做出了很大的贡献，在第一、第二、第三届世界女子拳击锦标赛上获得了2个世界冠军，并为中国的女子拳击培养了非常多的优秀运动员。

在目前的世界格局中，中国女子拳击整体实力最强，因此女子拳击进入奥运将为中国在以后的奥运会上增加新的夺金点。其中中国第一位世界女拳王、29 岁的张喜燕最为抢眼。她是中国女子拳击的领军人物，2002 年在土耳其举行的第二届女子拳击世锦赛上获得过 54 公斤级金牌，随后她转型成为职业拳手。目前她已经在世界职业拳王争霸赛上获得过 WIBA、WIBC、WBA 三条金腰带。

由于此前女子拳击是非奥运会项目，因此世界女子拳击锦标赛成为世界拳坛含金量最高的女拳赛事，就是在这代表世界最高水平的赛事上，中国女子拳击选手在 2008 年参加了全部 13 个级别的角逐，夺得 5 金 2 银 4 铜，位居金牌榜第一位。

其他地区女子拳击运动

目前，亚洲还有泰国、菲律宾、斯里兰卡、蒙古以及中国台湾等国家和地区有女子从事拳击训练。

PART 3　目前现状

世界拳击运动现状

当今世界上同时存在着两种拳击运动，即职业拳击和业余拳击。奥运会和亚运会的拳击比赛都是属于业余拳击。这两种拳击在比赛规则和方法上都有很大的差别。

业余拳击代表着拳击运动健康向上的发展方向，职业拳击代表着职业化和商业化。由于职业拳击和业余拳击有着本质的区别，国际业余拳击联合会规定：任何职业拳击选手不能参加业余拳击比赛，同时业余拳击运动员也不能参加任何有奖金的职业拳击比赛。

在美国圣路易举行的第三届奥运会上，拳击第一次被列为正式比赛项目，参加比赛的只有美国1个国家的44名运动员，美国自然获得了所设7个级别的所有冠军。到了1964年在日本东京举行的第十八届奥运会上，就有56个国家的269名运动员参赛。我国现代拳击始于20世纪20年代后期，最初称之为"西洋拳"。1987年4月，中国拳击协会（CBA）正式成立。1987年6月，中国拳击协会被国际业余拳击联合会（AIBA）正式接纳为第159个会员，中国业余拳击进入世界业余拳击的大家庭当中。

拳击运动极其强烈的对抗性、健身性和职业拳击的利益驱使，使现代拳击在短短百余年的时间内，迅速发展成为世界上最大的体育项目之一，遍及 160 多个国家和地区，吸引着千百万拳击爱好者、拳击运动员，同时也吸引着数以亿计的拳迷观众。这些爱好者和热心拳迷，为促进现代拳击运动的发展，做出了功不可没的贡献。

中国拳击运动的现状

拳击原本是欧美人的传统运动，1986 年以前，拳击运动在中国是被禁止的。1986 年，拳击项目得以恢复，自全国都没有专业的拳击教练，很多教练都是半路改行的。知名的拳击教练、现中国国家拳击队总教练张传良就是从武术教练转行过来的。

那时的中国对于拳击运动的特点、规律甚至培训方法都不甚了解，因而，早期的中国的拳击训练都是摸着石头过河的。

中国拳击队总教练张传良

刚刚开始的时候，我们模仿和学习欧美，那时全国的拳击基本战术思想和口号是"狠、拼、重、快"，即凶狠、拼搏、重拳、快速。"以凶制凶，以重拳制重拳"。中国近代历史告诉我们"师夷长技以制夷"，但在拳击这个项目上，我们跟着西方学，结果却被人狠狠揍了一顿。很多拳击教练谈到这一时期都很感叹，那时资金少，好不容易凑到比赛费用，结果一出国，就被人家打倒在地，鼻青脸肿出来，他们把这时期总结为"花了不少钱，挨了一顿揍"。这也说明当时中国对拳击运动处于初级探索阶段，可以说，这时的中国拳击项目整整落后欧美拳击强国30年。

慢慢地，拳击在国内开始崭露头角，通过坚持"防守反击"的基本战术思想，强调"打吊结合、出拳速度快，攻防转换快"的基本打法。学习古巴技术型打法，融合中国人快灵特点，以小级别为突破口和指导思想：在快速、连续、灵活、准确、全面、变化指导下，拳击运动有所起色。

国际业余拳击联合会主席乔杜里先生在谈到亚洲拳击运动时也说："中国拳击运动近几年进步很快，韩国与日本的选手反而出现了下降趋势。中国小级别走向世界将为时不远。"

当然，我们也应该清醒地认识到，水平大幅提高的中国拳击运动依然无法与世界先进水平比肩，在亚洲也算不上一流。

在很多人的传统观念里，拳击是一项血腥、粗野的运动，却不知其健身性、观赏性、趣味性和参与

国际业余拳击联合会主席
安瓦尔·乔杜里

性。同其他运动项目相比，中国拳击人数少得可怜。这就是说，中国拳击要想进一步取得长足进步仍须赢得大众的认可。

国家体育总局通过对拳击运动的宣传与推广，向大众介绍这项运动的健康性和魅力所在，让大家正确认识拳击，并且亲眼目睹这项运动的

魅力；通过商业化运作使拳击运动更富生命力。

女子拳击首次亮相伦敦奥运会

在 2012 年伦敦奥运会上，作为现代拳击运动的发祥地，时间长达 16 天且场场爆满的拳击比赛不仅取得了巨大成功，还见证了女子拳击首次登上奥运殿堂等许多传奇场面，给人留下了深刻印象。

其中，获得女子拳击 51 公斤级金牌的英国人亚当斯成为奥运会百年历史上第一位夺冠的女拳手，被誉为英国女子拳击的象征性人物。而夺得女子 60 公斤级金牌的爱尔兰著名女拳王泰勒，不仅展示了精湛的拳击技巧和霸气，证明了女子拳击同样可以像男子一样赢得公众的喜爱，还成为爱尔兰历史上第一位在奥运会上夺冠的女性。赛后，这位 4 次问鼎世界冠军的选手被评为最佳女拳手。

同样，17 岁的谢尔德斯不仅为美国夺得了奥运会历史上第一枚女子拳击金牌，还成为奥运会历史上第二位夺冠最年轻的拳手。

在男子比赛中，中国的 3 届世界冠军邹市明继北京奥运会夺冠后，与获得 60 公斤级金牌的乌克兰著名拳手洛马钦科一道，成为本届奥运会上成功卫冕的拳手。

在 2008 年北京奥运会上获得 91 公斤以上级金牌的意大利名将卡马雷勒虽然只获得了该级别银牌，但也为自己的业余拳击生涯画上了一个圆满句号。

作为现代拳击运动的发祥地和东道主，英国队此次夺得了男女共 3 枚金牌，其中前欧洲冠军坎贝尔获男子 56 公斤级金牌，约舒亚获男子 91 公斤以上级金牌以及亚当斯获得女子 51 公斤级金牌。另外，埃文斯和奥格格还分别获得男子 69 公斤级银牌和男子 75 公斤级铜牌，成为本届奥运会拳击比赛最大的赢家。

世界拳击强国俄罗斯虽只有一枚金牌进账，但总奖牌数达到了 4 枚，显示了整体实力。其中，梅洪采耶夫夺得 81 公斤级冠军。奥奇加娃·索非亚和托洛波娃分别获得女子 60 公斤级和女子 75 公斤级银牌。另外，阿洛安还获得 52 公斤级铜牌。

伦敦奥运会女子拳击

古巴在伦敦奥运会上获得两金，分别是 52 公斤级的青奥会冠军得主卡拉扎纳和 64 公斤级的索托隆戈。

世界拳击强国哈萨克斯坦本次也取得了非常好的成绩，其中 69 公斤级金牌得主萨皮耶夫还获得了男子最佳运动员奖，从而奠定了他在拳击历史上的地位。他的队友尼亚兹姆贝耶夫和德钦科分别获得了 81 公斤级银牌和 91 公斤以上级铜牌。女拳手沃尔诺娃也获得一枚铜牌。

继巴库拳击世锦赛夺得 4 个冠军后，乌克兰本届奥运会继续表现出强者姿态，夺得奖牌 5 枚。其中，洛马钦科和乌斯克分别获得男子 60 公斤级和男子 91 公斤级金牌，创造了乌克兰奥运会拳击比赛历史之最。另外，布里奇科获得男子 64 公斤级银牌，舍列斯丘克和格沃兹迪克在竞争激烈的男子 69 公斤级和男子 81 公斤级比赛中各争得一枚铜牌。

值得一提的是，爱尔兰人力夺 4 枚奖牌，除被视为爱尔兰英雄的女子 60 公斤级金牌得主泰勒外，内文获得了 56 公斤级银牌，巴内斯和康兰还分获男子 56 公斤级银牌和男子 49 公斤级铜牌。

日本也取得了令人瞩目的成绩，巴库世锦赛男子 75 公斤级亚军得主村田凉泰夺金，成为自 1964 年日本东京奥运会樱井孝夫之后，近半个世纪中第二位获得奥运会拳击金牌的拳手，而且是中大级别，创造了历史。另外，清水聪还获得男子 56 公斤级铜牌。

在过去 4 届奥运会上都有金牌入账的泰国，此次只是由庞普拉勇获得一枚 49 公斤级的银牌。蒙古的恩亚巴雅尔和韩国的韩松哲分别获得男子 52 公斤级和男子 60 公斤级银牌，另一位蒙古拳手乌兰齐梅戈获男子 64 公斤级铜牌。

此外，立陶宛的青奥会冠军佩特劳斯卡斯获得男子 60 公斤级铜牌，成为该国历史上第一位获得拳击奖牌的人。同样，19 岁的塔吉克斯坦选手乔里埃娃在女子 60 公斤级比赛中，为本国夺得了历史上第一枚奖牌铜牌。

PART 4 竞赛规则

比赛程序

拳击比赛是由两位选手在方形拳击台上进行的。比赛的目的是通过击打对方获得点数或造成对方无法继续比赛。本节主要介绍比赛的程序规则。

参赛办法

一、参赛年龄

19～34 岁之间的男、女运动员为成年组运动员。

17～18 岁之间的男、女运动员为青年组运动员，青年运动员可以参照成年比赛的规则参加成年比赛。

15～16 岁之间的男、女运动员为少年组运动员。

运动员的年龄以出生年份

青少年拳击比赛

计算。

所有涉及 14 岁以下拳击运动员的比赛，由各国家/地区和各大洲负责组织开展。14 岁以下拳击运动员的年龄段划分不得超过 2 年。

二、比赛级别

拳击比赛是根据运动员的体重，划分成不同的级别分别进行的。业余拳击比赛分为 12 个体重级别，职业拳击比赛分为 17 个体重级别，世界青少年业余拳击比赛分为 3 个级别。

1. 业余拳击比赛级别

（1）48 公斤以下级（含 48 公斤）；

（2）51 公斤级（48 公斤以上~51 公斤）；

（3）54 公斤级（51 公斤以上~54 公斤）；

（4）57 公斤级（54 公斤以上~57 公斤）；

（5）60 公斤级（57 公斤以上~60 公斤）；

（6）63.5 公斤级（60 公斤以上~63.5 公斤）；

（7）67 公斤级（63.5 公斤以上~67 公斤）；

（8）71 公斤级（67 公斤以上~71 公斤）；

（9）75 公斤级（71 公斤以上~75 公斤）；

（10）81 公斤级（75 公斤以上~81 公斤）；

（11）91 公斤级（81 公斤以上~91 公斤）；

（12）91 公斤以上级。

2. 职业拳击比赛级别

（1）重量级（86 公斤以上）；

（2）次重量级（86 公斤）；

（3）轻重量级（79 公斤）；

职业拳击比赛

（4）超中量级（76公斤）；

（5）中量级（73公斤）；

（6）初中量级/超次中量级（70公斤）；

（7）次中量级（67公斤）；

（8）初次中量级/超轻量级（64公斤）；

（9）轻量级（61公斤）；

（10）初轻量级/超次轻量级（59公斤）；

（11）次轻量级（57公斤）；

（12）超最轻量级（55公斤）；

（13）最轻量级（53公斤）

（14）超次最轻量级（52公斤）；

（15）次最轻量级（50公斤）；

（16）最次轻量级（49公斤）；

（17）迷你轻量级（48公斤）。

3. 世界青少年业余拳击比赛级别

（1）轻量级（58.97公斤以下）；

（2）轻中量级（63.50公斤以下）；

（3）中量级（69.85公斤以下）。

参赛资格

一、国籍

任何运动员参加国际拳联批准的比赛，必须是参加该比赛的国际拳联会员协会公民，并拥有该国国籍。

对于世界锦标赛、世界杯和其他国际拳联批准的国际比赛中，就运动员国籍问题产生的争议，国际拳联执行委员会拥有最终裁定权。

按照国际拳联规则，对于洲际锦标赛和洲拳联批准的洲际比赛中，就运动员国籍问题产生的争议，洲拳联执行委员会拥有最终裁定权。

如果运动员变更国籍，在国籍变更后三年，该运动员才能代表新国籍所在协会参加国际拳联批准的比赛。

如果一个运动员已经代表了任何一个国家/地区协会参加过任何一场国际拳联批准的比赛，而他同时拥有两个或者多个国家的国籍，那么这名运动员只能选择代表一个国家或地区参赛。在这种情况下，一旦运动员决定代表某个国家或地区，三年内将不能再代表其他会员协会参赛。

在三年的注册期内，国际拳联将建立运动员的信息数据库，跟踪记录运动员的比赛信息。在比赛之前，主办方或组委会应把参赛报名表提交给国际拳联，以确认运动员的国籍和资格。然而在数据库建成之前，可通过护照、运动员手册或以前参赛记录来核查运动员的国籍。

在比赛之前，国际拳联办公室应当确认运动员的国籍和参赛资格。在比赛期间，如果发生任何争议，由技术代表处理，之后提交国际拳联执行委员会批准。

二、每个级别限报一名运动员参赛

对于所有国际拳联批准的比赛，如世界锦标赛、世界杯、洲际锦标赛和奥运会资格赛，各参赛国家/地区每个级别限报一名运动员参赛。

对于其他比赛，主办方和组委会有权决定各参赛协会在每个级别中报一名以上运动员参赛。

三、运动员参赛的健康资格

1. 健康证明

参加国际比赛的运动员，必须具有运动员手册，手册上必须具有由国际拳联医务委员会认可的医师所开具的"适合参赛"的体检证明。体检信息必须填写完整方有效。最近一次进行的年度体检距比赛日的时间不能超过一年。

运动员在每天比赛以前，都必须再次接受体检，获得组委会官方医务人员体检合格后方可参赛。奥运会、世锦赛、世界杯以及其他一些国际拳联的重要赛事，每日体检由国际拳联医务委员会负责。

2. 允许参赛的残障条件

运动员失聪或者失语；

运动员可以缺一个手指，只要残缺的手指不是大拇指；

运动员至少有一个脚趾，但这个脚趾必须是大脚趾；

运动员可以带护膝参赛，但必须是未使用铁和硬塑料支撑物的软护膝软膝支撑；

运动员"适于比赛"的各项指标请参见最新的医疗手册。

3. 限制参赛

对于具有如下限制规定的运动员不能参加任何国际拳联批准的比赛：

伤口和擦伤。因头部、面部（包括鼻、耳）有伤口、创伤、擦伤、裂伤或流血而包扎的运动员均不得参加比赛。有擦伤或破口的运动员既不能在用敷料包扎后参赛，也不能敷用火棉胶或用消毒胶带处理后参加比赛，但该限制参赛决定需由医生在比赛当天检查时确定。

运动员在体检称重时应保持脸部清洁。比赛时，运动员身上不允许带有任何刺青和配饰。

4. 禁赛结束的医务证明

禁赛期结束后，必须经医生检查合格后才能恢复比赛。

5. 因头部受重击台上裁判员终止比赛：当运动员头部受重击不能继续比赛时，台上裁判员终止比赛，并向比赛仲裁和台下评判员示意"因头部受重击而被判终止比赛"。在运动员头部连续受重击而失去防守和继续比赛的能力，出于保护运动员的目的，台上裁判员可做出终止

比赛的判决。（而当一方运动员只是略占优势时，不适用此规定）

6. 保护性措施

第一次被击倒或因头部受重击而被判终止比赛。比赛中因头部受重击被击倒或因头部受重击失去防守和继续比赛能力而被判终止比赛的运动员，从其被击倒或终止比赛开始，至少四周内不得参加拳击比赛或训练。

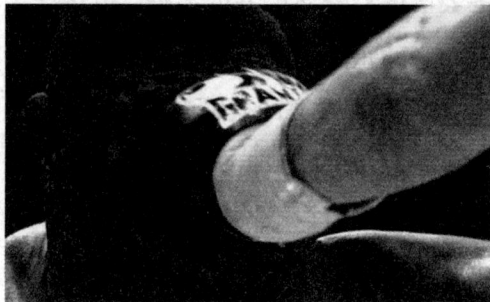

拳击比赛中被一次性击倒受重伤

两次被击倒或因头部受重击而被判终止比赛。在三个月的比赛中，若连续两次因头部受重击被击倒或因头部受重击失去继续比赛能力而被判终止比赛的运动员，从其第二次被击倒或终止比赛开始，三个月内不得参加拳击比赛或训练。

三次被击倒或因头部受重击而被判终止比赛。在一年的比赛中，若连续三次或因头部受重击失去继续比赛能力而被判终止比赛的运动员，从其第三次被击倒或终止比赛开始，一年内不得参加拳击比赛或训练。

每次因头部受重击而被击倒或因头部受重击而被判终止比赛的判决，都必须在运动员手册上标注清楚。

如果运动员在训练时被击倒，以上条款同样适用。教练有责任向所在协会报告。

如果运动员在"停止"或"分开"后被击中头部而被宣布比赛结束，违规击打对方的运动员将被取消比赛资格。

运动员受重击倒下，但没有昏迷的，至少一个月不得参加比赛或训练。

因受重击而昏迷一分钟的运动员，至少三个月不得参加比赛或训练。

因受重击而昏迷一分钟以上的运动员，至少六个月不得参加比赛或训练。

国际拳联医务委员对于受伤运动员的参赛限制有明确的规定。

受伤运动员必须经医生证明已恢复后，才能继续比赛。

四、赛前体检

在称重之前，运动员必须接受体检，体检由医务仲裁委派的医生负责，以确保运动员身体状况适合参赛。技术代表可决定提前进行体检。医务仲裁主任可选择当地的队医协助医务仲裁体检。

在体检和称体重时，运动员必须出示由本国/地区拳协秘书长或执行主任签署和/或盖章的最新国际比赛运动员手册。如果运动员在体检和称重时不能出示运动员手册，将不得参加比赛。

另外，女子运动员要如实回答医务仲裁的各种问题，还要提供本人签名的未孕书面声明。

在国际拳联批准的比赛中，允许做性别检测。

比赛方法

奥运会拳击比赛采用单轮淘汰制。对手通过抽签决定、不设种子选手。半决赛失败的运动员并列第三名。

称重

比赛第一天上午，所有参赛运动员必须接受称重。第一天全体称重开始到第一场比赛开始之间的时间间隔不能少于6小时。以后每日称重结束的时间到当天第一场比赛开始的时间间隔不得少于 3 小时。当有不可避免的情况发生时，技术代表在咨询医务委员会后有权对时间间隔稍作调整。

称量体重由国际拳联任命的技术官员监督执行。运动员称体重时，允许有 1 名运动员所在的协会的官员在场，但不得以任何方式干扰称量体重的工作。

回合

所有国际拳联批准的成年男子组和青年组的比赛，采用三回合制，每回合 3 分钟。

所有国际拳联批准的成年女子组和青年组的比赛，采用四回合制，每回合 2 分钟。

所有国际拳联批准的少年男子组和女子组的比赛，采用三回合制，每回合 2 分钟。

所有以上比赛，回合之间休息 1 分钟。

抽签

抽签应当在体检和全体称重后 3 小时内进行，并且必须与第一天第一场比赛间隔至少 3 个小时。抽签必须在有参赛队伍代表参加的情况下进行。日程安排下，必须避免在该级别上有运动员已经打了两场比赛，而还有某个运动员一场没打的情况。但在特殊情况下，技术代表有权灵活处理。

奥运会的抽签应在比赛的前一天举行。如果电脑抽签出现故障，可使用人工抽签。全体称重和抽签应在同一天进行。

得分

每个回合中，评判员根据每名运动员击中对方的次数评判其得分。

具有得分值的击中必须在没有隔挡、阻挡或防御的情况下，用任何一只握紧拳套的手的拳峰部位直接击打在对方头部或腰部以上部位的正面或侧面。摆拳如按要求击中也得分。在双方运动员近距离的连续对打中，应该在对打结束时评判分数。

根据双方对打时所占优势的程度，将分数判给优势大的运动员。每一次正确击打得一分，将对方击倒只得一分，不另加分。

犯规

对犯规运动员的处罚有告诫、警告和取消比赛资格三种。在同一回合对同一种犯规动作三次告诫等于一次警告。如果运动员被警告三次，无论是否是同一种犯规动作，就会被取消比赛资格。严重犯规可直接取消比赛资格。如果一方运动员得到台上裁判员的警告，对方得两分。

如果台上裁判员认为运动员有犯规行为，而自己没能看清楚时，可以与台下评判员商议。

运动员要在第一回合开始前和宣告比赛胜负结果后握手。禁止在回合间多余握手。

常见的犯规包括：

击打对方腰部以下、抱住对方、用手臂和肘部挤压对方的脸部、把对方的头往围绳外压、开掌击打、用掌背击打对方的头颈后部以及躯体的背部、消极防守、在场上裁判员发出"分开"的口令后仍不后退一步、语言冲撞台上裁判员等。

击倒

在一场拳击比赛中，运动员被击中后，除双脚以外的身体任何其他部位接触台面可判为倒地。运动员在被击中后，身体部分跌出围绳以外、体力不支依靠或悬挂在围绳上，或者在受到重击后，虽然可以站立但被台上裁判员认为无法继续比赛时，选手都应被判为倒地。

当拳击运动员受到重击后，场上裁判员必须马上中止比赛。对被击倒者数秒，从1数到10，同时命令进攻者退至中立角等待。在数秒过程中，即使倒地运动员立刻站立起来，也不能继续比赛，必须强制数到8秒后，被击倒者示意能够继续比赛时，台上裁判员才可命令继续比赛。

如果任何一名运动员在一个回合内受到3次数8秒或一场比赛中受到4次数8秒，台上裁判员可以终止比赛，宣布对方获胜。

胜负判定

（1）得分获胜：在比赛结束时，得分多者为胜方。如果两名运动员同时受伤或同时被击倒而不能继续比赛，台下评判员应记录每个运动员到终止比赛时所获得的点数，点数上领先的运动员获胜。

（2）弃权获胜：由于一方运动员受伤或自愿退出比赛，或回合间休息后不能立即比赛，则对方运动员获胜；不得无故弃权和消极比赛。

（3）裁判员终止比赛获胜：比赛中，运动员实力悬殊，当一方运动员明显处于劣势或身体状况不适宜继续比赛时，裁判员可以终止比赛，判定对方运动员获胜；当一方运动员因受伤不适宜参加比赛，则对方运动员获胜；

如果台上裁判员或医务仲裁认为，一方运动员在比赛中因被有效拳或其他正确合理的动作击打受伤，或因其他身体原因不适宜继续比赛时，可终止比赛，判定对方运动员获胜。如果两方运动员同时受伤，台上裁判员可终止比赛，并宣布得分高者获胜。

（4）因取消比赛资格获胜：如果一方运动员因犯规取消比赛资格，则对方运动员获胜。如果双方运动员同时被取消比赛资格，则双方被判取消比赛资格。被取消比赛资格的运动员，不能获得该比赛的任何奖励、奖牌、奖杯、荣誉、积分和晋级。

（5）击倒获胜：一方运动员被击倒10秒后不能继续比赛，则宣布对方运动员获胜。

（6）因头部受重击终止比赛获胜：一方运动员头部连续受重击而不能继续比赛，则对方运动员获胜。

（7）对手未出场获胜：比赛开始3分钟后，如果一方运动员未出场，则另一方运动员获胜。

（8）平局：只限于对抗赛。

一场比赛结束后，如果双方得分相同，判定方式为所有个人点数总和；如果所有个人点数仍然相同，则由5名台下评判员同时按下各自认为获胜方的按钮判定，判定胜负的依据为：在比赛中处于主动或体现出较良好技术风格者，在比赛中体现了较好的防守技术（阻挡、格挡、闪躲等），使对方击空或击打无效者为胜；

当红蓝角总分相同，有效分合计也相同时，则采用如下程序：仲裁举白牌。台上裁判看到白牌后下达指令，让各评判根据自己对红、蓝双方的优势判定，按下红角得分键或蓝色得分键。台下裁判听到指令后，按下红蓝角得分键。

在所有国际拳联的比赛中，都必须决出各级别最后的胜者。只有在对抗赛中可以判平局。例如，在对抗赛中第一回合如有运动员受伤，可判定为平局。

（9）因故停赛：比赛中发生了短时间内不能解决的意外事件，拳台损坏、停电、气候异常等，台上裁判员可宣布因故终止比赛。若是在锦标赛中，需由仲裁委员会作出进一步决定。

（10）台上裁判无法控制的情况：

如果突发事件（如停电）发生在第一、第二或第三回合比赛（第四回合除外）开始计时后的1分钟内，影响了比赛的继续进行，应终止该场比赛，并将比赛调整到本单元最后一场进行。

如果突发事件发生在最后一回合，比赛应终止，并由台下评判员作出选择，判获胜方。

如果不能在当天比赛单元重新比赛，则可将该场比赛安排至下一单元比赛开始时进行。如果下一单元比赛在第二天进行，运动员则应参加第二天的体检和称重。

如果比赛必须被中断，但在短时间可以恢复，则将比分记录下来，等待比赛继续进行。

（11）申诉：申诉应由领队在该场比赛结束后半小时内提交。任何申诉都可以针对台上裁判员和台下评判员对该场比赛的判定而提出。

申诉应以书面形式向仲裁委员会主任提出，申诉书中必须明确说明理由。

申诉费500美元（国内比赛申诉费3000元人民币）。如果申诉成功，其中100美元（500元人民币）将会被扣除作为审议费，其余400美元（2500元人民币）返还给申诉方。如果申诉失败，全部申诉费用不退回。

仲裁主任有权利拒绝接受申诉。如申诉被接受，所有仲裁成员都将审议比赛结果。

在所有的国际拳联比赛中，仲裁录像可作为分析的依据。

如对决赛提出申诉，应在该场比赛结束后5分钟之内向仲裁主任提出。

如对决赛提出申诉，该场比赛的颁奖仪式将被推迟到结果重新审议后进行。

对申诉最后审议结果将会在当天所有比赛结束后立刻作出。书面结果在第二天体检和称重时通知。

电子记分系统

所有国际拳联批准的比赛全部使用国际拳联电子记分系统。

若使用电子记分系统，将不再使用台下评判员积分表。评定成绩所需要的全部信息均由计算机记录存档，在比赛结束之后打印。

女子拳击比赛规则

原则：除本原则中特别条款之外，国际业余拳击联合会的规则完全适用于女子拳击比赛。

女子拳击的特殊规定

对"服装"的补充

（1）女选手必须穿短袖 T 恤衫，也可以在背心内穿短袖 T 恤衫。

（2）女选手必须戴合适的、不妨碍技术动作的护胸，护胸的材料不能对对手产生伤害。

（3）可以使用发带、头巾或橡皮带来固定头发，不准使用发网、发针和发夹，不准戴项链、耳环。

对"比赛的医学检查和称重"的补充

（1）为了有资格参加比赛，女子拳击运动员必须拥有国际比赛运动员手册。需要检查的特别项目的所有结果，应记录在此手册上。

（2）任何比赛之前，女选手应当提供自己身体状况的信息，并签名确认其没有怀孕。否则所带来的任何后果将由该运动员承担责任。

（3）在同时有男子和女子比赛中，组织者必须将男女体检、称重房间分开。

（4）称重应由女性工作人员进行。

（5）女选手的体检，应根据国际业余拳击联合会的体检手册中规定的特殊体检指导条例实施。

（6）体重级别：女子拳击比赛的级别为 13 个级别：46 公斤级、48 公斤级、50 公斤级、52 公斤级、54 公斤级、57 公斤级、60 公斤级、63 公斤级、66 公斤级、70 公斤级、75 公斤级、80 公斤级、86 公斤级（从 2009 年 1 月 1 日起，女子拳击比赛的级别为 11 个级别：46 公斤级、48 公斤级、51 公斤级、54 公斤级、57 公斤级、60 公斤级、64 公斤级、69 公斤级、75 公斤级、81 公斤级、81 公斤以上级）。

对"回合"的补充

（1）女子比赛共三个回合，每回合 2 分钟，回合间休息 1 分钟（从 2009 年 1 月 1 日起，为四回合，每回合 2 分钟，回合间休息 1 分钟）。

（2）在国内比赛中可以通过协商缩短比赛时间。

对"台上裁判和台下裁判"的补充

（1）女子拳击比赛的裁判由男、女共同组成。

（2）男、女都可以出任台上裁判。

（3）女子拳击裁判也应该像男子裁判一样，设立国际台上裁判、国际台下裁判、洲际台上裁判、洲际台下裁判。

对"仲裁委员会"的补充

女子比赛中仲裁委员会应由男、女官员共同组成。

对"胜负评定"的补充

在电子记分的女子比赛中，比赛相差达15分（从2008年1月1日起为20分），仲裁委员会主任可以敲锣或以其他方式示意终止比赛，以避免运动员遭受更多的不必要的击打。但在最后一个回合不能停止比赛，仲裁委员会主任可以建议台上裁判根据场上情形以"台上裁判终止比赛获胜——比分悬殊"作出判决。

对"倒下"的补充

女子比赛在一个回合中出现2次数8秒，在整场比赛中3次数8秒，比赛结束。由于对手犯规不受此规定限制。

其他补充

（1）只有在多于20个国家参加、每个级别至少有8名选手参加的情况下，才能举办女子世界业余拳击锦标赛，世界锦标赛使用国际业余拳击联合会规则。

（2）只有在多于15个国家参加、每个级别至少有8名选手参加的情况下，才能举办洲际女子业余拳击锦标赛。

PART 5 场地设施

　　场地和装备是进行拳击比赛运动必备的条件，对练习者和运动员的技术水平的提高都有很大的影响。良好的场地可以使运动员和练习者较高地发挥出自己的技术。

拳击台

台面尺寸

　　国际正式比赛的拳击台是一个正方形的用绳子围起来的台子。所有国际拳联批准的比赛，拳击台围绳内面积为 6.1 米见方。拳击台的围绳内面积最小不小于 4.9 米（16 英尺）见方，最大不超过 6.1 米（20 英尺）见方。拳击台外延与围绳的间距是 85 厘米。

拳击台高度

　　所有国际拳联批准的比赛，拳击台距离地面的高度为 100 厘米。

拳击台

其他比赛，拳击台距离地面 91～122 厘米，台面延伸出围绳外不少于 46 厘米。

拳击台面和角垫

拳击台面应安全、稳固和平整，不得有任何障碍物。在台的四角安装四个角柱，用以栓固围绳；在拳击台的四个角共设立两个中立角、一个红角和一个蓝角。通常比赛选手首先被认定为红方或蓝方，以供裁判计分。

中立角是场上裁判员在比赛开始和回合间休息时使用的地方。在中立角各安置一个宽 0.25 米、厚 0.1 米软硬适度的角垫；红、蓝角是双方运动员在比赛开始和回合间休息时使用的地方。在红、蓝角同样各安置一个角垫。角垫的颜色分别为：面向仲裁席，近左角为红色、远左角为白色，近右角为白色、远右角为蓝色。

围绳

所有国际拳联批准的比赛，拳击台设有 4 根直径为 3～5 厘米与四个角稳固相连的围绳。拳击台设立 3 个台阶。红、蓝角各设一个，供参赛运动员及助手使用；中立角设立一个台阶，供台上裁判员和场外医务人员使用。

4 根围绳离拳台面的高度分别是 40.6 厘米、71.1 厘米、101.6 厘米和 132.1 厘米。

围绳的每一边用两条宽 3 至 4 厘米的帆布带将其上下相连、栓牢，四边帆布袋之间的距离应相等。帆布袋要稳固，不能顺着围绳滑动。

围绳要绷紧，以抵消运动员的冲撞力。如有必要，裁判员可随时调整围绳的松紧度。

台面遮盖物

台面要垫有 1.3～1.9 厘米的毡制品、橡胶或其他具有同等弹性的材料，再覆盖上一张平展牢固的帆布。

毡制品、橡胶或其他材料以及帆布均应覆盖整个台面，并且使用防滑帆布。

其他设备

（1）中立角处应放置 2 个小塑料袋，供台上裁判员放置用过的止血棉球和纱布等；

（2）正对主席台的一面应设 2 把椅子、2 张桌子，拳台的其他三面各设 1 张桌子和 1 把椅子，供 5 名评判员使用；

（3）在供医生和裁判员使用的中立角处，有供医疗组使用的 3 把椅子和 1 张桌子。

比赛设施

场馆设施

除了搭设拳击台外，赛事主办者还需要提供以下场馆设施和功能用房：

（1）裁判休息室

（2）运动员更衣室

（3）兴奋剂检测室

（4）医务室

（5）运动员热身区

（6）拳击器材储存室

辅助设施

所有国际拳联批准的比赛，辅助设施要求如下：

（1）锣（带锣锤）或者铃。当比赛使用两个拳台时，一个使用锣，另一个使用铃。

（2）两个盛有松脂的浅托盘。

（3）两个供运动员回合间休息时使用的转椅。

（4）两个塑料大杯用来喝水和漱口，如果没有水管将水直接输送到拳台，还要准备两个塑料喷洒器和两个小塑料瓶用来喝水。运动员和助手在拳台旁不得使用其他样式的水瓶。

（5）供比赛官员使用的桌椅若干。

（6）一块（最好两块）秒表。

（7）一套急救设备。

（8）一个带有扩音设备的麦克风。

（9）两副比赛拳套。

（10）一副担架。

（11）两个头盔（红、蓝各一）。

比赛装备

比赛装备必须齐全，主要包括服装、鞋和护具等。

服装

运动员服装

运动员应穿无钉、无跟的软靴或鞋子，短袜，不超过膝盖的短裤，可遮盖胸背的背心。

在所有国际拳联批准的比赛中，运动员可以穿着任意颜色的背心和短裤。颜色可以选择自己国家的颜色，也可在上面印自己国家的名字和标志，但是大小规格必须遵守国际拳联的规定：位于胸前，规格不超过 100 平方厘米。如果背心和短裤颜色相同，须用 10 厘米宽的弹性腰带清楚地标明腰带线（腰带线是一条从肚脐到臀部上部的假想线）。

拳击背心

台上裁判员和台下评判员服装

台上裁判员和台下评判员应穿白色裤子、白色衬衫和无跟轻便的鞋子或软靴。台上裁判员可以在衬衫上佩戴证明其裁判等级的标志，但眼镜、手表和其他一些金属制品不能佩戴，腰带的金属头要移到侧面或后面，台上裁判员执裁时可以佩戴医用手套。

拳击手套

国际业余拳联规定，拳击运动员在参加拳击比赛时，双方运动员的拳击手套必须是同一厂家、同一型号的产品。比赛组织者在比赛时为所有参赛的运动员提供洁净的、合乎规格的拳击手套。参赛运动员不允许

拳击手套

戴自己的拳击手套。

拳击手套的有效击打部位标有15厘米宽的很醒目的白色标志，以便在运动员击打时，台上裁判员和评判员都能判别出运动员是否用拳峰部位击打对方。

所有级别运动员戴的手套重量为284克。皮革部分的重量不得超过总重量的一半，衬垫物的重量不得少于总重量的一半。拳套不能有丝毫破损，带子要结扎在拳套背部。露在手套背面的结头用橡皮膏粘住，但橡皮膏长度不应超过7.5厘米，宽度不应超过2.5厘米。

在所有国际拳联批准的比赛中，运动员只允许戴尼龙搭扣型拳套。

头盔

运动员比赛时必须佩戴头盔。头盔必须大小合适，是运动员可自带的个人装备。

所有国际拳联批准的比赛，运动员只能佩戴国际拳联官方指定的一家提供商生产的头盔。

在所有国际拳联批准的比赛，运动员必须备有红、蓝两个头盔。

运动员应在进入拳台之后戴上头盔。比赛结束后，运动员应立即摘下头盔，

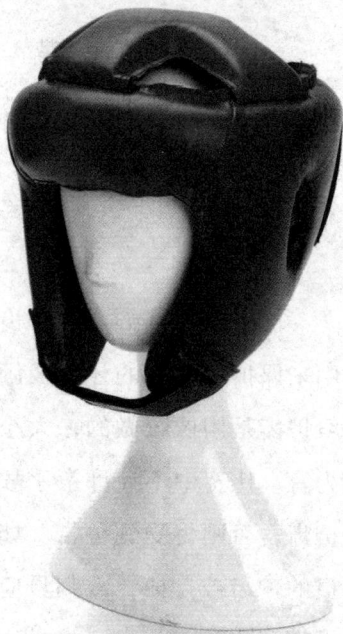

拳击头盔

等候宣布结果。组委会应准备足够数量的红、蓝头盔，以备在比赛中运动员的头盔损坏时使用。

护手绷带

在所有国际拳联批准的比赛中，参赛运动员所使用的护手绷带，由比赛主办单位统一提供。它是一条质地柔软，长不超过2.5米、宽不超过5.7厘米的绷带，不能使用其他类型绷带。

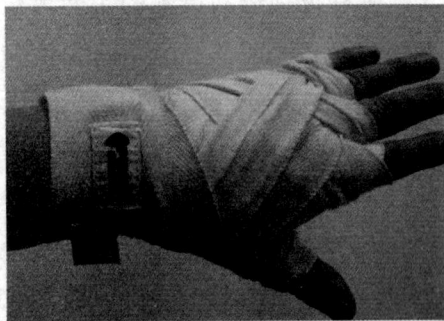
拳击护手绷带

比赛时除了允许在手腕上用一条长7.6厘米、宽2.5~5厘米的胶粘带固定绷带外，不允许使用其他任何带子、橡胶或橡皮膏代替绷带。

奥运会、世锦赛和洲际锦标赛要求组委会提供足够数量的绷带，以保证运动员每场比赛都使用新的绷带。

护齿

比赛运动员必须戴护齿，主要用来保护运动员的牙齿及颌部。一般护齿是用橡胶做的，大小以合适为宜。比赛中不允许拳手故意吐出护齿，否则将受到警告。如果运动员的护齿被打掉，裁判员应把运动员带到本方角，洗净护齿，戴好。在此期间，助手不得与运动员

拳击护齿

讲话。

无论何原因，如果运动员的护齿第二次掉出，运动员将被警告一次。如果再掉一次，则将被第二次警告。

拳击护裆

如果运动员没有自带护齿，则东道主有义务提供，但由运动员或者其协会付款。比赛时不允许戴红色的护齿。

护裆

比赛运动员必须佩戴硬质的塑料护裆。围在身体中间部位，穿在短裤里，用来保护生殖器官。

拳击鞋

拳击手穿的鞋非常轻，而且需要系鞋带，高度大概到小腿的一半。同时，这种鞋没有鞋跟，而且非常软。比赛的运动员必须穿软底无跟的平底鞋或靴。比赛中，如果拳手的鞋子损坏，1分钟之内不能换好，台上裁判员可请求仲裁委员会允许延长时间到2分钟。

拳击鞋

PART 6　项目术语

拳击术语及名词解释

术语是语言的一种特殊的表现形式，是语言文字的基础上形成的，并符合确定的概念。拳击术语是指说明拳击战术或规则的专门用语。

拳击运动：两名拳手在一个正方形的绳围赛场中，佩戴着特制的柔软手套，在一定的规则限制下进行击打和防御的一项对抗性较强的运动项目。

拳击基本姿势：是一种拳击运动员进攻和防守的姿势，是进而攻之、退而守之的最有利的预备姿势。

实战姿势：是在基本姿势的基础上，根据个人特点（身高、体重）采取的姿势。如高个子重量级拳王阿里的前手经常放得很低，多数低个子拳手的两手抬得很高。也有很多的拳击运动员随着战术上的不断变化，实战姿势也在不断变化。例如，有时故意把前手放得很低，暴露空隙引诱对手出拳攻击，而给予对手有力回击。

拳击基本步法：是维持身体重心平衡、配合拳法迅速出击而移动身体的一种技术方法。

拳击基本拳法：包括刺拳、直拳、勾拳、摆拳四种。

刺拳：属前手直拳，其轨迹呈直线。刺拳是一种虚实结合的拳法，速度快，主要用来扰乱对手的思想，破坏对手的防御体系，迫使或引诱对手在防御中露出破绽，为重拳攻击创造条件。

直拳：运动轨迹是直线，它是拳击技术中最基本的拳法。在比赛中，它的连续出拳数量在单位时间内比其他拳法的连续出拳数量多。直拳一般用于进攻或有意识退却时破坏对方动作，打乱对方阵脚，是夺取胜利的主要手段。

勾拳：是中、近距离击打的拳法。勾拳顾名思义手臂形状如钩（肘关节弯曲度小于直角）。勾拳如果进攻准确有力，其拳头重量和威力并不亚于直拳和摆拳，勾拳有平勾拳、上勾拳、侧勾拳、侧上勾拳四种打法。

摆拳：是从侧面袭击对手的有力拳法。摆拳击打时手臂弯曲大于90°，拳的运动轨迹呈半弧形，但由于摆拳走得路线较长，容易被对手发觉，而且因其力量大，一旦击空容易失去重心。

连击拳：在进攻或还击中连贯、迅速地进行两次连续击打。

组合拳：三拳或三拳以上，由两种以上不同拳法组合成一套连贯的拳法为组合拳。

引拳：属于战术范畴的一种拳。使用引拳的目的是把对手的拳引诱出来，朝着自己预订的方向打来，为第二拳攻击创造条件。

诱惑拳：佯装进攻的出拳，能诱使对方出拳，随即进行击打。

拳距：在拳击实战中与对手保持的有效距离为拳距。这种距离进一步能击中对手，退一步能避开攻击。这种距离依靠视觉进行判断，运用灵活的步法随时调整。

远距离：向前一步进攻，而不能接触到对手的距离。

中距离：向前一步用直拳或摆拳可击中对手的距离。

近距离：原地用勾拳可击中对手的距离。

左势：右手右脚在前，左手左脚在后的实战姿势，俗称"左撇子"。

右势：左手左脚在前，右手右脚在后的实战姿势，俗称"正架"。

拳峰：是指比赛拳套上标有 10～15 厘米宽白色的标识部分，也是指除大拇指以外四个手指从第二到第三指关节部分。拳击比赛中任何拳法必须用拳峰部分进行击打，否则会被判为犯规拳。

时机：进攻、防守、还击的最有利的机会。

反应速度：视觉与肌肉在感受外界刺激后作出行动的速度。

条件实战：按教练规定的进攻拳法和防守方法进行的对打练习。

自由实战：在拳手全面掌握进攻与防守技术的基础上进行的对打练习。自由实战的最大优点是在双方交战中随时可停下来磋商技艺和改进实战技术（自由实战时双方体重可相差一两个级别）。

假想空击：指与假想的对手进行实战的个人练习。

对镜空击：对着镜子进行空击练习。

对影空击：对着自己的影子进行空击练习。

还击：是防守基础上与对手同时出的拳。

反击：在防守对手连续击打后，不让对手有喘气休息机会，马上攻击对手叫反击。

阻挡：用手掌、手背以及肩部、臂部挡住对方击出的拳。在近距离拳斗时使用它的机会较多。

格挡：用手掌或前臂隔开、挡住对手来拳。

闪躲：是一种灵敏的防守技术。运用头和上体的短促摇闪动作，闪过对方的攻击。闪躲比其他防守方法轻巧、灵敏，不需要两手接触对手的拳套即可使对手的攻击落空。

摆脱：利用步法移动，使自己处于对手击打的有效距离之外，以便进行还击。

封闭：将自己的被击部位用手臂与肩部封、隔起来，而不被来拳击中的一种防守方法（这种方法用于近距离连续进攻时）。

贴封：运用手臂与身体贴住对手的身体和手臂，使其进攻受阻。

阻挠：用手掌、拳套及手臂压、顶住对手的拳套、手臂或肩部，使其不能顺利出拳。

摇避：是处在对手拳程之内的一种近身防御技术。当对手出拳打来时，一般下肢不移动，上身和头部针对对手打来的拳向左、右、前、后作环绕式摇摆，从来拳的手臂下面躲过的一种防御方法。

比赛拳套：由比赛主办单位负责准备，专供比赛使用，符合规则规定和要求的拳套。

练习拳套：练习和训练时使用的拳套，它的重量可比比赛拳套稍重。

沙包手套：击打沙袋、梨球、弹簧球等器械的专用手套。

护手绷带：保护手腕、手指关节用的特制的松软绷带。

护齿：用橡胶、塑料制成的保护口腔内部和嘴唇的护具。

护胸：供女拳手使用的软塑料制成的乳房保护罩。

护裆：是一种轻金属或硬塑料制成的三角形护具，它的作用是保护小腹和睾丸。

护头（头盔）：在训练和比赛时，保护面部、头部不被击伤的一种特殊护具。

拳击鞋：特制的高帮、软帮、软底的运动鞋。

手靶：教练员戴在手上帮助运动员练习的一种训练器具。教练员可以从不同的方向、角度和距离，引导运动员作各种拳法的击打，以此来锻炼运动员运用各种进攻、防守和还击的拳法。

墙靶：墙靶是安装在墙上的固定靶。它在宽 0.7 米、高 1 米的木板正面装一层 20～30 厘米厚的鬃毛类或海绵软物，上面再铺一层毡子，外面用皮革包起来。墙靶主要是用来练习直拳。

沙袋（沙包）：吊起来的长圆袋子。沙袋一般高 100 厘米、直径 300 厘米，沙袋外套用皮革或人造革制成，内层用尼龙布或帆布做衬套，衬套里装 10 个高 10 厘米、粗 30 厘米的胆包，胆包里面是废纱头或碎旧布片。拳击沙袋是拳击训练必不可少的重要辅助器材之一。

梨球：安装在固定遮板下面的梨形吊球。球内充气，击打后球碰着板弹回。充气梨形吊球主要是利用梨球撞击悬挂平台的节奏，来培养运动员击打的速度和动作的节奏感。

弹簧球：将绳索吊在空中的梨形水球（球内装有水）由于水球吊在空中，击打时它来回或左右摆动，因而击打水球对培养运动员的目测力、击打的准确性、正确的距离感以及灵活的步法都有好的效果。

双吊筋带球：球的上、下两端系有可以固定在其他物件上的筋带，供练习时使用。

场角：指拳击正方形围绳内的四个角，即两边有围绳的夹角地区。当被迫进入场角时，由于两边有围绳阻挡不便移动与摆脱，因而是不利的区域。

中立角：中立角是运动员在比赛的回合间休息位置以外的两个场角。当某方被击倒地后，另一方必须进入远端的中立角处等候。

分数取胜：比赛结束时，根据双方记时得分的多少来评定胜负，得分多者获胜为分数取胜。

绝对胜利：被击倒地后，10 秒钟之内不能恢复进行比赛，可判对方为绝对胜利而终止比赛。

回合：是一场比赛的单位时间，用钟声或锣声表示开始到结束为一回合。

合法击打部位：拳击得分的合法击打部位是头、面部、耳廓之前（不包括头顶）、胸腹部（腰带以上）、两肋（肋中线之前）。

有效击打部位：是指下颚、太阳穴、颈部侧面、腹腔神经丛部位以及两侧肋骨下方，这些部位受击时都能引起"击昏"现象，都是拳击比赛规则所允许的击打部位，因而也叫有效击打部位。

裁判手势：拳击比赛时台上裁判员为了给运动员、教练员、观众示意犯规的原因、性质向评判员表示扣分的情况时用的手势。

裁判口令：指拳击比赛中台上裁判员使用的三个英语口令：Stop（停）、Box（开始）、Break（分开）。

得点拳：必须是在没有阻挡、格挡的情况下，用任何一只紧握拳套的拳峰部位击中对方的正面、侧面或腰带以上的上体正面、侧面等部位为得分拳。

告诫：告诫属于忠告和提醒的词语，目的是制止运动员的轻度犯规现象。

警告：一方或双方运动员犯规，但没有达到被取消比赛资格的程度，或一个回合内同一类型的犯规已告诫两次，第三次犯规规则中止比赛，对犯规者提出警告。

强制性"数8"：运动员被击倒后，台上裁判员进行数秒，在未数到 8 秒时，运动员已经起立准备比赛，这时台上裁判员应强制性继续数到 8 秒为止，然后再继续比赛，目的是为了保护运动员的安全。

拳击术语中英对照

apron　拳击台围绳以外部分

arched back　身体后屈

arm feint　手臂虚晃

at the bell　一个回合结束

auditory scoring　报分

bantamweight　最轻量级

bent arm blow　曲臂勾拳

black eye　肿眼

bleed　出血

blocking drill　防守练习

blow　打击

bluff　佯攻

body feint　身体虚晃

body lean　身体倾斜

body swing　身体摆动

bout　一场比赛

boxer sharts　拳击短裤

boxer　拳击运动员

boxing glove　拳击手套

boxing match　拳击比赛

boxing ring　拳击台

boxing shoe　拳击鞋

boxing weights　拳击体重级别

break　抱持后拆散

bruiser　职业拳击家

buzzer　鸣笛

canvas‑inspector　不堪一击的拳手

canvas　拳击台上的帆布

card　记分卡

cauliflower ear　菜花耳（耳朵受伤后变形）

chest protector　护胸

chin punch　打击下巴的拳

chop　下击拳

circle　迂回

clinch work　扭斗

combination blow　组合拳

corner　场角

count out　宣告失败

counter blow　还击拳

counter out　　台上裁判员

counter puncher　　善于反击的拳击手

count　　呼数

cross　　交叉拳

cruiserweight　　次重量级

decisive blow　　决定性打击

defensive boxing　　以防守为主的拳法

direct hit　　直接命中

disqualification　　取消资格

division　　分级

doctor stop　　医生叫停

draw away　　闪开

elbow blow　　以肘击人

exchange of blows　　互击

excited fight　　激战

fake blow　　虚拳

featherweight　　羽量级

feeler　　试探性拳，左直拳

first position　　准备姿势

fist　　拳

flying kick　　飞踢腿

flyweight　　特轻量级/蝇量级

follow blow　　跟进拳

footpads　　护足

footwalk　　步法

foul blow　　犯规拳

foul – proof cup　　护裆

foul　犯规

full count　裁判员数完 10 秒

fundamental blows　基本拳法

get the duke　获胜

go in the tank　故意输掉

golden glove　业余拳击金手套赛

green boy　拳击新手

hamburger　被打得浑身伤痕的拳击手

hammer blow　捶打

handwraps　缠手绷带

hard blow　猛击

head protector　头盔

heart punch　胸部拳

heavy punch　重拳

heavyweight　重量级

high – low　上下交替拳

hold and hit　抱着打

hook up　上勾拳

hook　勾拳

hugging　抱住对方

infighting　近战

jab　刺拳

junior bantamweight　次最轻量级

junior featherweight　次羽量级

junior lightweight　次轻量级

kidney punch　肾部拳（犯规）

knock down　击倒

knock out　击倒获胜

lead – off blow　开始拳

lean on one's opponent　身体贴靠对方

left step　向左移步

left uppercut　左上勾拳

left　左手拳

light heavyweight　轻重量级

light/junior flyweight　次特轻量级/次蝇量级

light/junior middleweight　超次中量级

light/junior welterweight　初中量级

lightweight　轻量级

liver punch　肝部拳

long hook　长勾拳

loser by a knockout　被击败出局者

majority decision　多数裁判判赢

make weight　减轻体重（以达到下一级别标准）

middleweight　中量级

mispunch　击空

mouthpiece　护齿

nimble　灵巧

on the bicycle　向后移步

on the canvas　被击倒

one – two punch　连续左右猛击

one – two straight　连续左右直拳

open blow　开掌打击

overreach　出拳过远

pearball　梨球

punch bag　沙袋

punch ball　拳球

punch power　打击力量

punching sack　（练习用）沙袋

punchy　被打得晕头转向

rabbit punch　打后脑勺

reach　伸臂长度

referee stop　裁判员叫停

referee　裁判员

ride with the punch　缓冲拳

right hook　右勾拳

right step　向右移步

right uppercut　右上勾拳

rightcross　右交叉拳

right　右手拳

ring name　台上绰号

ring out　打出台外

ringside judge　台下裁判员

ringside seat　靠近拳击台的观察席位

rope　围绳

round arm blow　屈肘拳

ruffian　乱打胡来的拳击手

rusher　猛打猛冲的拳击手

safety block　安全阻挡

scrapper　职业拳击手

scrap　职业拳击赛

second　助手

serial kicks　连踢

shadow boxing　空拳

shiner　眼肿

short count　数10秒太快

short hook　短勾拳

straight punch　直拳

super middleweight　超中量级

technical knockout　技术得胜

ten – point system　十分制

throw a punch　出拳

throw in towel　向台上扔毛巾（表示认输）

timekeeper　计时员

triple blow　连击三拳

unanimous decision　裁判一致判赢

uppercut　上勾拳

weight category　体重级别

weight in　称量体重

welterweight　次中量级

wild swing　猛烈横击

win by a knockout　击倒对方而获胜

win by decision　得分获胜

win by retirement　因对方弃权而获胜

winner　胜利者

withdraw the leg　收腿

wrapping　绷带

PART 7 技术战术

基本技术

拳击的基本技术是拳击练习者应该掌握的实用技术。基本技术的好坏，直接影响到运动员的实战能力，包括基本动作、基本拳法、防守与反击和闪躲防守与反击等。

基本动作

拳击基本动作是学习拳击者首先应掌握的技术，包括准备姿势、握拳法和基本步法等。

准备姿势

准备姿势包括下身姿势和上身姿势等。标准的站立姿势的动作方法是：

（1）以正手为例，两脚分开站立，约与肩同宽，重心在两脚之间，脚尖着地，脚跟略抬起，膝关节略屈；

（2）上体直立，含下颌，目视前方。

（一）下身姿势

下身姿势的动作方法是：

（1）面向对方，相隔半步，双臂自然下垂，站稳；

（2）左脚向前迈出 35～45 厘米，也可以根据自己身高和习惯来确定距离，以自己感觉舒适为宜；

（3）右脚与左脚呈 45°，左右脚分开 20～30 厘米，其主要目的在于，当受到外来打击时，身体能够保持平衡。若站成一条横线，则无法经受从前方击来的直拳，容易后倒。站成一条竖线，容易横倒，对攻防两方面均不利；

（4）后脚跟抬起 5 厘米左右，将自己体重均匀地落到前后脚趾骨基节部位，前腿膝关节略屈，同时后腿也跟着前腿略屈，重心置于两腿之间，身体不论处于静止还是移动状态，重心投影均不得越出两足以及两足间的支撑面。

（二）上身姿势

上身姿势的动作方法是：

（1）低头收下颌，前额朝向对方，双目注视对方眼睛，上下齿合拢，舌贴上腭，面部表情自然，一般从对方眼睛能明了其进攻意图；

（2）上身自然地落于腰部，不能向左、右、前、后歪斜，上体斜向对方，略前含胸，左肩略向前，两肩勿过分耸起，也不要下垂，当身体向左或向右扭动时，应以腰部和髋关节作转动轴；

（3）左臂在前，右臂在后，左拳略高于肩，同对方下颌平齐，防护左面颊，左肘屈大于 90°，下垂防护左肋，右拳置于肩前，防护右面颊，右肘屈小于 90°，下垂防护右肋，右拳轻轻握紧并对准对方下颌。为保护下颌和左耳，左肩向前伸出的同时应略上提。

握拳法

拳是拳击手的唯一武器，拳击手的打击之所以有很大的威力，不是因为拳头硬，而是因为拳头有很大的速度和力量。正确的握拳法是打出有力拳的第一步，动作方法是：

（1）食指和中指、小指和无名指并拢内屈，拇指置于中指和食指上面，拳头略内扣，拳峰朝向对方；

（2）握拳不要太用劲，否则臂肌会很快疲劳，拳速也会降低。但在拳击对方要害部位的一刹那，应用力握拳；

（3）食指到小指第一关节和第二关节所形成的平面是指关节部位。指关节部位的中心在中指和食指之间，应用这个关节中心，即"拳峰"，打击对方要害部位。

基本步法

步法是拳击技术的重要组成部分，双方搏斗时如何保持身体平衡，灵活地移动身体，使自己始终处于进攻和防御的最佳位置，是一名拳击运动员应具备的基本素质，因此步法的移动包含着进攻和防御双重含义。基本步法包括滑步、冲刺步、侧步、环绕步和撤步等。

（一）滑步

滑步包括前滑步、后滑步、左滑步和右滑步等。

1. 前滑步

前滑步的动作方法是：

（1）右脚掌蹬地，左脚略离地面，向前滑进20~30厘米，后脚轻擦地面跟进；

（2）移动步幅略大于肩距；

（3）两脚以脚掌着地，身体重心始终保持于两腿之间。

2. 后滑步

后滑步的动作方法是：

左脚掌蹬地，右脚略离地

躲藏姿势

面，向后滑行 20～30 厘米，左脚随即后滑一步，保持基本姿势。

3. 左滑步

左滑步的动作方法是：

右脚蹬地，左脚向左侧横滑一步约 20～30 厘米，右脚随即跟进，保持原来姿势。

4. 右滑步

右滑步的动作方法是：

左脚蹬地，右脚向右侧横滑一步约 20～30 厘米，左脚随即跟进，保持原来姿势。

（二）冲刺步

冲刺步的动作方法是：

1. 左足平放在地面上，着力点置于前脚掌上，右脚前脚掌着地，足跟略抬起；

2. 左脚急速向前迈进一步，约 40～50 厘米，右脚随即跟上一步，仍保持拳击攻防姿势。冲刺步与前滑步动作相似，唯速度更快。

（三）侧步

侧步包括右侧步和左侧步等。

1. 右侧步

右侧步的动作方法是：

当对方打右直拳时，应右足先起动，向右后侧转，左足以足尖为轴，足跟向左侧转动 40°～60°，人站在对方右拳外侧。

2. 左侧步

左侧步的动作方法是：

（1）当对方打左直拳时，

半蹲姿势

应右足先起动，向右侧上一步，左足以足尖为轴，原地向右转 100° ~ 120°；

（2）站于对方左拳外侧位置，左侧步比右侧步难度大，因为左侧步比右侧步更接近对方右手，受到对方右手打击的可能性更大；

（3）掌握左侧步法能发挥自己的有力武器，打击对方腹部和下颌。

（四）环绕步

环绕步是以对方为中心，并围绕其移动的一种步法，包括逆时针环行（向右环行）和顺时针环行（向左环行）等。

1. 逆时针环行（向右环行）

逆时针环行的动作方法是：

（1）当对方用左直拳打击时，应向右侧动一点，用左直拳反击；

（2）因为对方的惯性和自己打出的冲力加在一起，其破坏力极大，所以应逆时针方向击拳，即向右侧环行，这种环行法最安全。

2. 顺时针环行（向左环行）

顺时针环行的动作方法是：

（1）站在对方内侧，即对方腹部正面，充分利用自己右手进行攻击；

（2）对方为了防守，将向右转体，而使对攻双方站在一条直线上，此时若向左环行，受对方攻击的可能性较大，因此要做好防护；

（3）向左环行的脚法为左脚先向左移动，右脚跟着向左移动。

（五）撤步（又称急退步）

撤步的动作方法是：

前脚掌用力蹬地，后脚向后撤一大步，同时迅速收回前脚，以保持拳击的攻防姿势。

基本拳法

基本拳法是指拳击运动中最基本、最常用、最重要的几种拳法。基本拳法包括刺拳、直拳、摆拳、上勾拳和平勾拳等。

刺拳

刺拳的动作方法是：

1. 臂膀由屈到伸，拳头直线出击；

2. 当肘臂将要伸直时，拳头向内旋转或拳背向上；

3. 左脚应在出拳的同时向前滑步，靠近对方，使出击的拳带有推力和压力；

4. 拳打出时，上体应略前倾，并配合送肩动作，以加大打击力量和幅度。

刺　拳

直拳

直拳包括左直拳和右直拳等。

1. 左直拳

左直拳的动作方法是：

（1）站立姿势，从鼻尖向对方画一个假想直线，与两肩直线呈45°；

（2）出左直拳时，将左肩转动到假想直线，即把左拳向内转动45°，与此同时，左脚向前一步，迅速出拳；

（3）出拳时，胳膊和肩部肌肉

直　拳

要放松，不能过分紧张；

（4）当要击打到对方要害部位时，才握紧拳头；

（5）出左拳时，收腹含胸，右肘贴于心口窝部位，右手置于下颌，下颌也应内收，以防对方反击。

2. 右直拳

右直拳的动作方法是：

（1）站立姿势，同时右肩向内转 135°，右拳向前直击，左肩略低一点，右脚尖用力蹬地，右膝盖几乎触及左膝盖；

（2）出拳同时，前脚向前迈一步，以正好击中对方的距离为宜，用前脚掌负担身体重量，足跟平浮于地面，后足跟踮起；

（3）在前脚掌完成支撑动作的一瞬间，后脚迅速跟上一步，或者前脚收回一步，仍保持拳击攻防姿势；

（4）右直拳的发力主要靠出拳速度、身体向前运动的速度，以及送肩动作。

摆拳

摆拳包括左摆拳和右摆拳等。

1. 左摆拳

左摆拳的动作方法是：

（1）从基本预备姿势开始，左臂略向前伸，左拳向右后方摆击；

（2）摆拳路线为平面半圆形，左拳出击时，拳及小臂均向内旋，肘部上翻，但不可过高，小臂与大臂夹角约 120°～130°，

摆 拳

拳心向下，拳眼向后，拳峰对准击打处，手臂呈大半月形状，用腰胯扭动来增加出拳力量；

（3）右拳略上举，保护下颌，摆击结束后，立即收回，还原成基本姿势。

2. 右摆拳

右摆拳的动作方法与左摆拳相同，只是方向相反。

上勾拳

上勾拳包括左上勾拳和右上勾拳等。

1. 左上勾拳

左上勾拳的动作方法是：

（1）由实战姿势开始，身体略向左侧转；

（2）接着迅速拧转上体，左脚掌用力蹬地，左拳随之向下、向前、向上，前臂外旋，直冲对方腹部或下颌处；

左上勾拳

（3）此时前臂与上臂屈似钩状，右拳保持原姿势不变，击打后按原路线收回。

2. 右上勾拳

右上勾拳的动作方法是：

（1）身体右转，略屈右腿，沉低右肩；

（2）拳峰朝上内扣，右拳略下降，迅速屈臂，由下向上勾击，同

右上勾拳

时伸右腿右脚，并向内碾地，以增加击打力量；

（3）发拳过程中，上体略向左转，右肩随拳转动，略向前移，同时左拳迅速收回，保护下颌。

平勾拳

平勾拳包括左平勾拳和右平勾拳等。

1. 左平勾拳

左平勾拳的动作方法是：

（1）拳背朝上，拳面内扣，肘臂夹角大约呈90°；

（2）出拳同时左右脚向前移小半步，击中目标时，拳心斜向内下方，利用腰部突然转动的力量，身体重心移到右脚，并略向右侧转体20°~45°；

平勾拳

（3）当击中目标时，左臂向胸部右侧方转移，臂部肌肉由放松到突然紧张，之后再迅速放松，保护上体，此时身体重心移到右脚上，左脚跟外转。

2. 右平勾拳

右平勾拳的动作方法是：

同左平勾拳，只是腰部向左扭转，左脚在前，略向左踮动，身体重心略移向左脚。

防守与反击

在拳击比赛中，攻击和防守是密切配合进行的，二者的重要性相同。每一次进攻，都将伴随着一个正确的防守来抵御这种攻击。不能简单地把防守仅仅看成是为了阻挡对方的攻击。拳击防守技术由拍、挡、格、闪、让、阻等几种动作构成，在运用这些方法的同时，还应结合相应的反击技术一并使用，这样才能收到后发制人的效果。防守与反击包括拍击防守与反击、阻挡防守与反击和格挡防守与反击等。

拍击防守与反击

拍击防守与反击包括拍击左直拳防守反击和拍击右直拳防守反击等。

1. 拍击左直拳防守反击

拍击左直拳防守反击的动作方法是：

（1）当对方用左直拳进攻时，应用右拳向左拍击来拳，使其改变方向，拍击动作幅度要小，仍保持拳击攻防姿势；

（2）在向左拍击刺拳的同时，出左刺拳击打对方下颏。

2. 拍击右直拳防守反击

拍击右直拳防守反击的动作方法是：

对方用右直拳进攻，应用左拳向右拍击来拳，同时反击，左拳拍击动作幅度不宜过大。

阻挡防守与反击

阻挡防守与反击包括肩部阻挡法、肘部阻挡法、拳阻挡法、阻挡右摆拳击面、阻挡左上勾拳下颏、阻挡左上勾拳击腹、阻挡左侧勾拳击面、阻挡左直拳击腹和阻挡右直拳击腹等。

1. 肩部阻挡法

肩部阻挡法的动作方法是：

（1）用左肩阻挡对方的强打，此时左脚跟略抬起，右脚掌着地；

（2）同时略向右转体，左肩略提，重心落于右脚，右手防备对方的第二个打击。

2. 肘部阻挡法

肘部阻挡法的动作方法是：

（1）肘和身体应保持一体进行防守；

（2）右肘阻挡对方左手拳的进攻，左肘阻挡对方右手拳的攻击。

3. 拳阻挡法

拳阻挡法的动作方法是：

（1）当对方拳攻时，应迅速用相应的拳阻挡，阻止其继续进攻，使其进攻落空；

（2）在使用挡法与对方拳头接触的一瞬间，要憋气鼓劲，拳部肌肉保持紧张，以增强抵抗力。

4. 阻挡右摆拳击面

阻挡右摆拳击面的动作方法是：

当对方用右摆拳击打左侧腮面时，应上体略后让，向右转，同时用左肩臂阻挡对方来拳，随即用右直拳反击其左腮面。

5. 阻挡左上勾拳下颏

阻挡左上勾拳下颏的动作方法是：

（1）当对方用左上勾拳击打下颏时，腰部应略向左转，同时以右肘部阻挡来拳；

（2）右肘部要保持一定的紧张度，避免右肋受到间接打击；

（3）防守同时，用左勾拳反击对方右腮面。

6. 阻挡左上勾拳击腹

双臂交叉姿势

阻挡左上勾拳击腹的动作方法是：

（1）对方用左上勾拳击打腹部时，腰部应向左转；

（2）屈左肘臂阻挡来拳，随即用右勾拳反击对方左腮面。

7. 阻挡左侧勾拳击面

阻挡左侧勾拳击面的动作方法是：

（1）当对方用左勾拳击打右腮面时，上身应略向左转，同时屈右肘；

（2）右肩臂阻挡对方左勾拳，同时要保持一定的紧张度；

（3）随后用勾拳反击对方右腮面。

8. 阻挡左直拳击腹

阻挡左直拳击腹的动作方法是：

（1）当对方用左直拳击打腹部时，应略向左转；

（2）屈右肘臂，用右臂阻挡对方左直拳，同时臂部要保持一定的紧张度；

（3）随即用左摆拳反击对方左腮面。

9. 阻挡右直拳击腹

阻挡右直拳击腹的动作方法是：

（1）当对方用右直拳击打腹部时，应略向右转；

（2）收屈左臂，用肘臂阻挡右直拳，同时保持一定的紧张度；

（3）随即用右摆拳反击对方左腮面。

格挡防守与反击

格挡法是利用杠杆力作用原理，用拳或前臂挡住或格开对方打来的拳，从而取得有利的位置去打击对方。使用格挡法需要有准确的判断和敏捷的动作，在对方拳击中身体之前，将其格开，使其改变方向。格挡法使用得当，可以给自己创造有利的攻击位置和机会。格挡防守与反击包括格挡左勾拳后反击和格挡右勾拳后反击等。

1. 格挡左勾拳后反击

格挡左勾拳后反击的动作方法是：

（1）当对方用左勾拳击打右腮面时，右臂应略前伸抬高来格挡对方的勾拳；

（2）随即用左摆拳或左勾拳反击对方右腮面。

2. 格挡右勾拳后反击

格挡右勾拳后反击的动作方法是：

（1）当对方用右勾拳击打左腮面时，用左前臂略提高来格挡对方的勾拳；

（2）随即用右勾拳或右摆拳反击对方左腮面。

闪躲防守与反击

闪躲法是一种灵敏的防守技术。熟练的闪躲在拳击防御技术体系中是经典技术，也是现代拳击运动技术发展的趋势。高质量的闪躲动作细腻、敏捷。闪躲法使用得当，不但可消耗对方体力，还能使对方处于被动，并暴露出防御上的空隙。由于闪躲法有利于保存体力和发动反击，因此有经验的拳击手多运用闪躲法进行防守。实战中，多采用先诱使对方出拳，然后不失时机地进行躲闪、还击，从而达到取胜的目的。闪躲防守与反击包括闪躲防守战术和闪躲反击技术等。

闪躲防守战术

闪躲防守战术的动作方法是：

1. 对方用右直拳进攻，应后腿略屈，身体重心落于后足，上体略前倾，向右躲过对方的右直拳，用右上勾拳击打其头部；

2. 对方用右直拳进攻，应两腿半屈，降低上身，躲过对方右直拳，用右上勾拳反击其腹肋部；

拳击手闪躲

3. 对方用右直拳进攻，应身体重心移至前足并半屈膝，上体向对方右直拳外侧闪躲，用左上勾拳反击其肋部。

闪躲反击技术

闪躲反击技术包括闪躲摆拳与反击和闪躲勾拳与反击等。

1. 闪躲摆拳与反击

闪躲摆拳与反击的动作方法是：

（1）对方用左摆拳进攻，应屈膝，降低身体重心，向对方左外侧闪躲，用右上勾拳反击其左肋；

（2）对方用右摆拳进攻，应屈膝，降低身体重心，向对方右外侧闪躲，用右上勾拳反击其腹部。

2. 闪躲勾拳与反击

闪躲勾拳与反击的动作方法是：

（1）对方用左平勾拳进攻，身体重心应移到后足，并略屈膝，上体后让，躲过对方左平勾拳，用右摆拳反击其左腮面；

（2）对方用右平勾拳进攻，应后腿略屈，上体后让，躲过对方右

右势拳手

平勾拳，用左摆拳反击其右腮面。

拳击的攻防姿势

拳击攻防姿势在拳击运动中是必须掌握的基本技术，拳击的击打技术都是从攻防姿势开始的。掌握拳击攻防姿势，自身的安全系数可以大大提高，并有利于运动技术水平的提高。

拳击攻防姿势有右架和左架姿势之分。右架姿势，身体正面侧向右边，左拳左足在前，右拳右足在后。左架姿势，身体正面侧向左边，右拳右足在前，左拳左足在后。左架姿势俗称"左撇子"。绝大多数运动员习惯

拳击手进攻

右架姿势，但作为一名优秀的拳击运动员要学会左右两种攻防姿势，方能在比赛中更好地发挥自己的才能。为了叙述方便，下面以右架姿势为例阐述。

理想的拳击攻防姿势，通常左手在前、右手在后，放在便于攻击对手和防护自己两者兼顾的最佳位置上。左足在前，足尖略指向右侧前方；右足在后，足尖指向前方。前足跟与后足尖间距一足长，两足的左右间距以两足外侧等同于本人肩宽。身体重心落在两足中间，着力点在两足的前半足掌上，足跟平浮在地面上。前腿膝部稍屈，后腿膝部屈度略比前腿膝部屈度大些。不论处在静止还是移动状态，身体重心投影均不可越出两足的支撑面。这样，不论前进后退还是左右移动，身体都可以保持平稳和行动迅速。身体各部分要做到以下要求：

头形：下颌略低收头，前额朝向对手，双目贯注对手眼睛，从眼神中捉摸他的内心活动。上下齿合拢，舌贴上腭，脸部表情自然，不让对

手看出自己的意图。

体形：上体微前倾含胸，左肩略侧前，两肩勿耸起，也不可下垂，身体向左或向右扭动时，以身体纵轴转动腰部和髋关节。

臂形：左肘臂约屈90°，左拳略高于肩，拳防护左腮面，肘臂防护左肋部。右肘屈小于90°，右拳置于肩前防护右腮面，肘臂防护右肋部。

拳形：四指并拢握拳，指扣在中指第二关节上，拳头稍内扣，拳背与腕部稍隆起，拳峰朝着对手。拳头不可捏得太紧，只有当拳头击出前一瞬间起握紧，否则肌肉很易疲劳。

神态：神态要自然，全身肌肉勿紧张，全神贯注对手的一举一动，不让对手从自己的表情中察觉出内心出拳的意图。

在拳击比赛中，只要保持好拳击攻防姿势不走样，就不会被对手轻易击中身体的要害部位。进可攻，退可守，心中有底，行动自如。

防守的技术要点

在比赛中，拳手要根据情况采用战术上最好的防守方法，根据对方的特点尽可能做到预防。当对手用连续拳进攻，并要进行近战时，自己最好采取向左右前后移动的步伐，干扰对方的进攻，摆脱对方的连续攻击。要特别注意短拳进攻的防守，因为近距离时对方又在不断地进攻，所以防守比较困难。

近战时一般采用躲闪和潜避防守的方法，并用臂和肩膀护住最易受伤的部位。在近战时，身体应该是收腹缩身，尽可能地减少被攻击的面积，从而使对方难以找到攻击的目标。用身体紧缩，两拳上举，两肘下垂或两臂左右交叉，上下防护身体的要害处。这些都是拳击比赛中经常运用的防守手段。

防守与反击不可分离。一味地格挡、躲闪而不反击是被动的防守，防过第一次，第二次就难以逃脱了。美国著名搏击师丹尼斯·盛顿把防守反击时机分为以下八种：

（1）在对手变化时出击；

（2）穿过范围迎击，即对手向前攻你时要经过 1 米距离的移动，你在他移动过 50～60 厘米时就迎击；

（3）原地迎击；

（4）格挡反击；

（5）躲闪反击；

（6）变角度反击；

（7）退却后的反击；

（8）钩拨反击。

在实战中，以上八种方式是综合使用的。

还击的技术特点

善于在比赛中观察和估计对方可能会打出什么拳法，这不是凭空瞎猜，而是根据对方的特点，了解他所擅长的拳法，事先假设好还击拳法，引诱他以擅长的拳法出击，予以及时还击。因为，任何一位拳击手，当他打出一拳时，必然会暴露出出拳这一侧防卫的空隙。例如，打出左直拳时，他的左边半个身子就必然在防卫上有一定的空隙；打出右直拳时，他的身体正面空隙就会比左边大。换句话说，每一种拳法出击，都有许多种还击拳法。但是，尽管每一记拳法打出可有许多拳法还击，如果不能有所预知，还击也是很难奏效的。当然，预知对方出什么拳，是根据当时的情况来判定的。但各种还击拳法平时一定要练好，直到练到动作定型，形成条件反射。在实战时遇到这种拳法的刺激，就会自然而然地使出对这一拳法适用的还击拳法。如果还击技术进入这个境界，那么还击技术就进入了理想阶段。这个理想阶段，每一个拳击手都可以达到，只要肯下功夫，长期苦练。

实战战术

实战战术是根据对方的情况，为战胜对方而采取的策略和方法，拳击的实战战术包括阻挡反击、拍击反击、闪躲反击和主动进攻等。

阻挡反击

阻挡反击是指在实战中采取非主动进攻，通过对方进攻抓住进攻机会反击的战术，包括 5 种战术方法。

拳阻左直拳攻头—反击左直拳击头—右上勾拳击颌

拳阻左直拳攻头—反击左直拳击头—右上勾拳击颌的动作方法是：

（1）双方从实战准备姿势开始，当对方用左直拳进攻头部时，应用右拳阻挡其左拳；

（2）随即快速用左直拳反击对方头部；

（3）紧接着用右上勾拳攻击对方下颌。

拳阻右直拳攻头—拍防右拳攻头—拍防左拳攻头—反击左摆拳

拳阻右直拳攻头—拍防右直拳攻头—拍防左直拳攻头—反击左摆拳击头的动作方法是：

（1）双方从实战准备姿势开始，当对方用右直拳进攻头部时，用右拳阻挡其右拳；

（2）对方继续用右直拳进攻头部，应用左拳向内拍防其右拳；

（3）对方再用左直拳进攻头部，应用右拳向内拍防其左拳；

（4）随即用左摆拳反击对方头部。

下阻右直拳攻腹——反击右上勾拳击颌——左平勾拳击颌

下阻右直拳攻腹——反击右上勾拳击颌——左平勾拳击颌的动作方法是:

(1) 双方从实战准备姿势开始,当对方用右直拳攻击腹部时,用左前臂向下阻挡来拳;

(2) 随即用右上勾拳反击对方下颌;

(3) 紧接着用左平勾拳攻击对方右颌部。

拳阻右直拳攻头——拍防右直拳攻头——反击右上勾拳击颌

拳阻右直拳攻头——拍防右直拳攻头——反击右上勾拳击颌的动作方法是:

(1) 双方从实战准备姿势开始,当对方用右直拳攻击头部时,用右拳阻挡其右拳;

(2) 对方继续用右直拳攻击头部,用左拳向内拍防对方右拳;

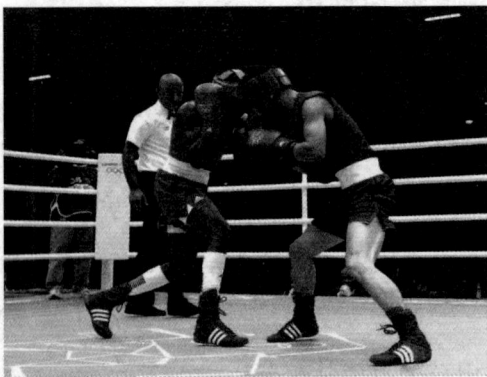
阻挡对手进攻

(3) 随即用右上勾拳反击对方下颌。

拳阻右直拳攻头——拍防右直拳攻头——挡左直拳攻头——反击左摆拳击头

拳阻右直拳攻头——拍防右直拳攻头——挡左直拳攻头——反击左摆拳击头的动作方法是:

(1) 双方从实战准备姿势开始,当对方用右直拳进攻头部时,用右拳阻挡其右拳;

(2) 对方继续用右直拳进攻头部,应用左拳向内拍防其来拳;

(3) 对方再用左直拳进攻头部,应用右手前臂向外阻挡其左拳;

(4) 随即用左摆拳反击对方头部。

拍击反击

拍击反击是指在对方进攻时，通过用拳拍的方式改变对方进攻路线，或是破坏对方进攻，从而抓住机会反击，下面主要介绍3种战术方法。

拍防右直拳攻头—反击下潜左直拳击腹—右直拳击头—左摆拳

拍防右直拳攻头—反击下潜左直拳击腹—右直拳击头—左摆拳击头的动作方法是：

（1）双方从实战准备姿势开始，当对方用右直拳攻击头部时，应用左拳向内拍击其右拳；

（2）随即屈膝下潜，同时用左直拳反击对方腹部；

（3）紧接着随身体直立，用右直拳攻击对方头部，连续用左摆拳攻击对方头部。

拍防左直拳攻头—侧闪右直拳攻头—反击左摆拳击头

拍防左直拳攻头—侧闪右直拳攻头—反击左摆拳击头的动作方法是：

（1）双方从实战准备姿势开始，当对方用左直拳进攻头部时，应用右拳向内拍防其左拳；

（2）对方继续用右直拳攻击头部，应向左侧闪躲其来拳；

（3）随即用左摆拳反击对方头部。

拍击右直拳攻头—反击左直拳击头—右直拳击头

拍击右直拳攻头—反击左直拳击头—右直拳击头的动作方法是：

（1）双方从实战准备姿势开始，当对方用右直拳攻击头部时，应用右拳向外拍击其右拳；

（2）随即用左直拳反击对方头部；

（3）紧接着用右直拳攻击对方头部。

闪躲反击

闪躲反击是指在对方进攻时通过闪躲的方式避开进攻，然后抓住机会，采取反击，主要介绍5种战术方法。

左侧闪对方左直拳攻头——反击左直拳击胸——右勾拳攻腹

左侧闪对方左直拳攻头——反击左直拳击胸——右勾拳攻腹的动作方法是：

（1）双方从实战准备姿势开始，当对方用左直拳攻击头部时，应迅速随身体向左侧闪躲，同时提右肩闪开来拳；

（2）随即快速用左直拳反击对方胸部；

（3）紧接着用右勾拳攻击对方腹部。

下潜避左直拳攻头——反击左直拳击腹——摇避右直拳攻头——反击右直拳击腹

下潜避左直拳攻头——反击左直拳击腹——摇避右直拳攻头——反击右直拳击腹的动作方是：

（1）双方从实战准备姿势开始，当对方用左直拳进攻头部时，应迅速屈膝下潜，避开来拳，同时迅速用左直拳反击其腹部；

（2）对方右直拳攻向头部，应迅速向左侧摇头避开来拳，同时用右直拳反击其腹部。

后躲左直拳攻头——反击左直拳击头——右直拳击头——左直拳击头

后躲左直拳攻头——反击左直拳击头——右直拳击头——左直拳击头的动作方法是：

（1）双方从实战准备姿势开始，当对方用左直拳进攻头部时，身体应后闪躲开来拳；

（2）随即重心前移，同时用左直拳反击对方头部；

（3）紧接着用右直拳和左直拳连续攻击对方头部。

左侧闪右直拳攻头——右侧左直拳攻头——反击右摆拳击头

左侧闪右直拳攻头——右侧闪左直拳攻头——反击右摆拳击头的动作方

法是：

（1）双方从实战准备姿势开始，当对方用右直拳进攻头部时，应向左侧闪躲来拳；

（2）当对方继续用左直拳进攻头部时，应向右侧闪躲来拳；

（3）随即用右摆拳反击对方头部。

左侧闪右直拳攻头——右侧闪左直拳攻头——反击右上勾拳击颌

侧闪右直拳攻头——侧闪左直拳攻头——反击右上勾拳击颌的动作方法是：

（1）双方从实战准备姿势开始，当对方用右直拳进攻头部时，应向左侧闪躲来拳；

（2）对方继续用左直拳攻击头部，应向右侧闪躲其左直拳；

（3）随即用右上勾拳反击对方颌部。

主动进攻

主动进攻是指在实战中主动抓住进攻机会，在对方进攻之前采取首先进攻的方法，以获得主动，包括13种战术方法。

刺拳攻头——侧闪左直拳攻头——还击右上勾拳击颌

刺拳攻头——侧闪左直拳攻头——还击右上勾拳击颌的动作方法是：

（1）双方从实战准备姿势开始，主动前滑步迅速接近对方，同时用刺拳攻击其头部；

（2）对方在拍防来拳后用左直拳反击头部，应迅速向右侧闪躲其左直拳；

（3）随即右脚蹬地，身体左转，左拳回收颌前保护头部，同时迅速顺势用右上勾拳还击对方颌部。

刺拳攻头——格防右直拳还击——潜避右直拳连击——反击左摆拳击头

刺拳攻头——格防右直拳还击——潜避右直拳连击——反击左摆拳击头的动

作方法是：

（1）双方从实战准备姿势开始，主动前滑步迅速接近对方，同时用左手刺拳攻击其头部；

（2）对方拍防后用右直拳还击头部，应用左臂格挡防守对方的还击；

（3）对方再次用右直拳连续攻击头部，应利用下潜法由内向外摇避其右直拳；

（4）摇避时向左侧上步，上体直立，迅速用左摆拳攻击对方头部。

刺拳攻头—格挡左直拳—反击左平勾拳击头—右上勾拳击颌

刺拳攻头—格挡左直拳—反击左平勾拳击头—右上勾拳击颌的动作方法是：

（1）双方从实战准备姿势开始，前冲步迅速接近对方，同时用刺拳攻击其头部；

（2）对方防守后用左直拳还击头部，应左脚向左出步，同时用左臂向外格挡对方左拳；

（3）随左脚蹬地，身体右转，右拳回收颌前，同时用左平勾拳迅速顺势反击对方头部右侧；

（4）随右脚蹬地，身体左转，左拳回收颌前，同时迅速顺势用右上勾拳攻击对方颌部。

左直拳攻头—格挡左直拳还击—格挡右直拳还击—反击右直拳

左直拳攻头—格挡左直拳还击—格挡右直拳还击—反击右直拳击头的动作方法是：

（1）双方从实战准备姿势开始，前滑步迅速接近对方，同时用左直拳攻击对方头部；

（2）对方防守后用左直拳还击头部，应在向左侧闪的同时，用右臂向外格挡对方左拳；

（3）对方继续用右直拳还击头部，应在向右侧闪的同时，用左臂向外格挡对方右拳；

（4）随右脚蹬地，身体左转，左拳回收颌前，同时迅速顺势用右直拳反击对方头部。

左直拳攻头——右直拳攻头

左直拳攻头——右直拳攻头的动作方法是：

（1）双方从实战准备姿势开始，前滑步迅速接近对方，同时用左手直拳攻击其头部，对方用左格挡防守来拳；

（2）随右脚蹬地，身体左转，左拳回收于颌前护头，同时迅速顺势用右直拳攻击对方头部。

左直拳攻头——左直拳击胸

左直拳攻头——左直拳击胸的动作方法是：

（1）双方从实战准备姿势开始，前滑步迅速接近对方，同时用左直拳攻击其头部；

（2）击打目标后，左拳略回收，迅速随前滑步用左直拳攻击对方胸部。

左直拳攻头——右直拳攻头——左直拳攻头

左直拳攻头——右直拳攻头——左直拳攻头的动作方法是：

（1）双方从实战准备姿势开始，主动用前滑步迅速接近对方，同时用左直拳攻击其头部；

（2）紧接着随连接前滑步，用右直拳和左直拳连续攻击对方头部。

下潜左直拳攻胸——左上勾拳击颌

下潜左直拳攻胸——左上勾拳击颌的动作方法是：

（1）双方从实战准备姿势开始，突然屈膝下潜，在身体直起过程中前冲步逼近对方，同时用左直拳攻击其胸部；

（2）随右脚蹬地，身体左转，左拳收回于颌前护头，同时迅速顺势用左上勾拳攻击对方颔部。

左直拳攻头—右直拳攻头—左平勾拳击头

左直拳攻头—右直拳攻头—左平勾拳击头的动作方法是:

(1)双方从实战准备姿势开始,主动前滑步迅速接近对方,同时用左直拳攻击其头部;

(2)紧接着随右脚蹬地,身体右转,左拳回收于颔前护头,同时迅速顺势用右直拳攻击对方头部;

(3)前冲刺步逼近对方,同时用左手平勾拳攻击其头部右侧。

左直拳攻头—潜防右直拳还击同时右直拳反击—直拳击腹

左直拳攻头—潜防右直拳还击同时右直拳反击—直拳击腹的动作方法是:

(1)双方从实战准备姿势开始,主动前滑步迅速接近对方,同时用左直拳攻击其头部;

(2)对方防守后用右直拳还击头部,应迅速屈膝下潜,从内向外摇避对方右直拳,同时用右直拳反击其腹部;

(3)紧接着随左脚蹬地,身体右转,右拳回收于颔前护头,同时迅速顺势用左直拳攻击对方腹部。

左直拳攻头—右勾拳攻腹—左勾拳击胸—右平勾拳击头

左直拳攻头—右勾拳攻腹—左勾拳击胸—右平勾拳击头的动作方法是:

(1)双方从实战准备姿势开始,主动前滑步迅速接近对方,同时用左直拳攻击其头部;

(2)紧接着随右脚蹬地,身体左转,左拳回收于颔前护头,同时迅速顺势用右勾拳攻击对方腹部;

(3)随即左脚蹬地,右脚向前上一步,身体右转,右拳回收于颔前护头,同时迅速顺势用左勾拳攻击对方胸部;

（4）下动不停，左脚向前上一步，同时随身体左转，左拳回收于颌前护头，迅速顺势用右平勾拳击打对方头部。

左直拳攻头—右直拳攻头—左直拳攻头—右上勾拳击颌

左直拳攻头—右直拳攻头—左直拳攻头—右上勾拳击颌的动作方法是：

（1）双方从实战准备姿势开始，主动前滑步迅速接近对方，同时用左直拳攻击其头部；

（2）右脚蹬地，左脚向前上半步，随身体左转，左拳回收于颌前护头，同时迅速顺势用右直拳攻击对方头部；

（3）紧接着左脚蹬地，身体右转，右拳回收于颌前护头，同时迅速用左直拳攻击对方头部；

（4）随即随前滑步逼近对方，左拳回收于颌前护头，同时迅速顺势用右上勾拳击打对方颌部。

女子拳击战术

步法

女子拳击步法是指运用轻巧、灵活、迅速的脚步移动，以调节攻击对手和防御对手的距离，使自己处于进攻和防御的最佳位置，达到准确、有力地攻击和有效地防御对手的目的。

步法的种类

女子拳击步法有滑步、刺步、侧步、环步、撤步等五种与男子相同的步法。这五种步法的共同要领是：

女子拳击比赛（一）

1. 不论是前进还是后退，左右侧步还是环步，移动迅速，身体重心要平稳。

2. 两足前后左打的撑面要大，绝对不可前后两足站在一条纵线上，或两足站在一个平行横线上，或走成左与右前后交叉步。

3. 身体在移动或站定时，重心着力点在两足的半足掌上，两足跟平浮在地面上，以保证起步移动速度。如果着力点在两足全足掌，移动速度就会受到影响。

4. 拳头击中对手前的刹那间，两足要站稳，身体重心要沉低些，打出的拳才有分量；反之，足未站稳，重心浮空，打出的拳头就无分量。

5. 不论是向前后或左右移动身体，或侧步、环步、撤步时，力求做到拳击攻防姿势不走样，就不易被对手轻易击中、击倒。

练习方法

1. 移动练习

在掌握好单一步法的基础上，在女子拳击台上或地板上进行前滑步、后滑步、左右侧步、环步、刺步、撤步练习，不停地移动步子。在移动步子时，要保持好两足间前后左右距离，身体重心要平稳，身体重心落在两足的前半足掌上，身体要协调配合，动作要迅速敏捷。要注意的是，在移动中距离和动作幅度不宜过大，要保持好进一步能击中对手、退一步不让对手打到自己的距离。

2. 踩踏足练习

踩踏足练习是双方在保持攻防姿势的情况下，相互踩脚的练习。有以下几种：

（1）用前足去踩踏对手的前足，而对手的前足要迅速移开不让对方踩踏着。

（2）用前足去踩踏对手的前足或后足，而对手的前足和后足不离地迅速移开不让对方踩踏着。

（3）双方互相用前足去踩踏对手的前足。既要踩着对手的前足，又不让对手踩着自己的前足。

（4）双方互相用前足去踩踏对手的前足或后足。既要踩着对手的前足或后足，又不让对手踩着自己的前足或后足。

前两种练习是一个要踩着对手的足部，一个不让踩着自己的足部。而后两种练习为双方互相踩踏对方的足部，又不让对方踩踏着自己的足部。上述四种步法练习可放在训练课开始部分的热身运动中进行。

3. 跳绳练习

利用跳绳练习步子的方法，有并足单跳或双飞跳、两足前后分开作前后移步跳、两足前后分开作左右移步跳。

基本拳法

女子拳击的基本拳法有直、摆、勾三种。基本拳法虽只有这三种，但把它们组合起来，拳法就千姿百态、丰富多彩了。

女子拳击基本拳法名称是按照拳臂形状、动作方向和击打方法命名的。三种拳法以右架姿势为例，分别阐述如下。

直拳

直拳的出拳轨迹呈直线，有前手直拳和后手直拳。

1. 前手直拳

前手直拳从基本姿势开始，以前腿为轴、后腿蹬时，在前的踝、髋、肩为一体同时转动，击打后速还原成基本姿势。作为实拳打出，其拳头比刺拳重。在向前滑步的同时打出左直拳，利用身体向前移动的速度，上体略前倾、送肩，加大拳头重量。但上体前倾和向前送肩打出拳头时，身体重心仍要保持在前脚支撑点内。

2. 后手直拳

后手直拳是长距离拳法，击打路线呈直线。后手直拳拳头移动距离比前手刺拳长，但击打力量大、拳头重。但由于它行走路线较长，易被对手发觉防范。后手直拳击打目标为头部和腹部两处。

打后手直拳时，一般先用前手拳出击，如用前手拳作掩护去分散对手的注意力，当对手的攻防姿势上露出破绽或当对手进攻时，即打出后手直拳。在打后手直拳的同时，后脚前脚掌蹬地，脚跟向外略旋，以前脚掌支地。

后手直拳打出之后，不论击中目标与否，身体重心投影不可超越两足的支撑面。否则，身体就会失去平衡，破坏自己的攻防姿势而处于被动挨打的局面。在打出后手直拳的同时，两足同时迈出一步，以前足负担身体重量的一瞬间，后足随即跟上。在打出后手直拳的同时，以前手作防护并随时击出前手拳。

学习后手直拳，要研究有效击打距离，如有效击打距离判断不准确，虽拳法击打发力正确，却收不到理想的击打效果。击打距离过长，步子就跟不上，后手直拳就无威力；击打距离过短，则后手直拳就会变成推击，同样显不出威力。用拳头推击动作是犯规动作，切不可用拳头推人。

女子拳击比赛（二）

后手直拳的一般打法有：

（1）后手直拳一般隐藏在前手拳之后，作为后续主力拳迅速出击。前手拳不论击中与否，后手直拳都应主动迅速出击，使对手无法防御或还击。这样，在战术上就掌握了主动。进攻时显得主动积极，在比赛中就会给裁判评分员以良好的印象。

（2）当对手发动攻击时，即用前手拳加以阻挠，后手直拳对准对手头部迎击，这样就能打乱对手的击打步骤，从而化被动为主动。

（3）观察和揣摩对手头部移动方向规律。用前手拳佯攻，后手直拳直接向对手头部习惯移动方向击打，这样后手直拳的命中率就高。

（4）用前手拳扰乱或迷惑对手，用后手直拳击打对手脸部，破坏对手身体重心平衡和攻防姿势，为下一步击打创造条件。但是要注意，如果后手直拳打空，易使身体失去平衡和消耗体力。

摆拳

摆拳又称侧拳、横拳。摆拳是比较自然击打的一种拳法。摆拳主要是用来对付善于向左或右转移攻势的对手，或者逼使对手进入台角，或自己

需要转移攻击位置的一种拳法。

摆拳击打目标是对手的腮面、颈侧部、下颌、腹部等处。摆拳打得得法，其威力并不亚于直拳。但后手摆拳所走的路线长，动作幅度大，易被对手发觉而预先有效防范。前手摆拳所走的路线比后手摆拳短，幅度小，击打威力和力量也不如后手摆拳。

摆拳一般打法：用前手拳佯攻，当对手向自己左方移动时，即用后手摆拳击打对手的左腮面。摆拳打出时，肘臂由屈增大到120°～150°，拳背向上，拳峰内扣，虎口向自己。

勾拳

勾拳是近距离击打拳法。勾拳以手臂形状如钩而命名。勾拳肘臂弯屈度约90°，勾拳的运动路线短、发力迅猛、时间短促。使用得法，对手往往会应声倒地。勾拳分上勾拳、侧勾拳、侧上勾拳、平勾拳四种。这四种勾拳的击打目标分别是：上勾拳由下向上击打对手的胸腹部或下巴等处；侧勾拳从身体侧面击打对手的腮面或颈侧面等处；侧上勾拳由下向上击打对手体侧肋部或由下穿过对手的上臂向上击打下巴等处；平勾拳击打对手的腹部或肋部等处。勾拳一般要配合其他拳法组合才能击中对手。勾拳的四种打法如下：

1. 上勾拳

（1）后手上勾拳

后手上勾拳一般是配合前手侧勾拳组合。其动作要领：身体略右侧转屈腿，后肩沉低，拳内扣，拳峰（虎口向外）向上，随着拳头打出拳空向外转，拳峰对准击打目标——腹部或下巴，由下向上击打，同时伸后腿，抬上身，后足内旋蹬地以增加击打力量。

（2）前手上勾拳

前手（左）上勾拳一般是配合右侧勾拳组合。其动作要领：身体略左侧转屈腿，左肩沉低。拳内扣，拳口向上，随着拳头打出，拳空由上转向外，拳峰对准击打目标——腹部或下巴向上打去，同时伸左腿，抬上身，左足内旋蹍地以增加击打力量。

2. 侧勾拳

（1）后手侧勾拳

用前手刺拳佯攻，引诱对手出拳，或主动逼近对手，用后手侧勾拳拳峰对准击打目标打去。出拳的同时，身体重心移到靠近左足并略向左侧转体30°~45°，臂随着拳头打出，肘部跟着提高到上臂水平面，这样可以避免对手用左臂阻挡，或对手用左拳反击肋部。

（2）前手侧勾拳

用右直拳佯攻，引诱对手出拳，或主动逼近对手以前手（左）侧勾拳击打。左侧勾拳打法和动作要领同右侧勾拳，唯左右相反，身体腰部向右拧动，左足在前略向右旋蹍地，身体重心移近右足上。

3. 平勾拳

平勾拳又叫短直拳和震击拳。平勾拳是两人扭在一起时的击打拳法，击打目标是对手的腹部。有后手平勾和前手平勾两种，以后手平勾为例：

后手平勾拳是当对手逼近或自己上步上身贴紧对手时，稍降低上身，低头，含胸，弯腰，两肘垂直贴近身体，上臂与前臂成直角，两拳心对准对手的腹部击打。后手平勾拳发力以身体纵轴转动，拳头平直打出时，上体随着击打方向拧腰以增加拳头击打分量。如打出右平勾拳时，应向左拧腰10°左右；如连着击打左平勾拳，则向右拧腰15°左右。上身向左或右拧腰时要保持不变方向，双目监视对手的举动。

4. 侧上勾拳

侧上勾拳是一种迎击拳法，打时要胆大心细，判断准确，争取一拳定乾坤。有后手侧上勾拳和前手侧上勾拳两种。

（1）后手侧上勾拳

当对手左直拳打来，则向对手左拳外侧闪躲开，身体略右侧转，上身略俯低，身体重心偏向右足，拳峰对准对手左肋部；随着拳头打出，抬上身，伸展右腿，身体重心移近左足。后手侧上勾拳第二种打法：闪躲开对手左直拳后，拳峰对准对手

女子拳击比赛（三）

下巴打，右拳从对手左手臂下穿过向上击打其下巴；随着拳头打出，身体略侧挺起，身体重心移到右足上，成侧立挺胸、拳向上击打姿势。

（2）前手侧上勾拳

前手侧上勾拳与后手侧上勾拳左右相反，动作和姿势相同。但右架姿势右拳右足在前，在向对手右拳外侧闪躲开后，身体和拳头更接近对手，这对左侧上勾拳发力击打不利。因此，要求在闪躲开对手的右直拳时，身体向左侧转幅度要大些，身体重心要移到左足上，这样更有利于左侧上勾拳的发力和增强击打威力。

组合拳

组合拳

组合拳在比赛中具有实用意义，属战术范畴拳法。任何一个优秀女子拳击选手不可能一记重拳就把对手击倒而获胜，只有在一拳之后加以组合拳的情况下，才能取得决定性胜利。组合拳法有一二组合，三拳或三拳以上的组合等。

一二组合有同名拳组合和异名拳组合之分，一组组合拳组合多少次、组合什么拳法，要根据具体情况而定。在一般情况下，一二直拳组

合和一二同名拳或异名拳组合使用机会较多。三四拳和四拳以上组合拳组合，只有在把对手逼进台角或绳边，使对手处于被动挨打时，才有可能使用上。当两人紧靠在一起互相乱击一通时也用组合，但这种组合往往是无目的的。

组合拳是有计划、有目的、有战术的组合，前一拳要为后一拳创造进攻的空隙。例如，一二左右直拳组合，前手直拳击打对手脸部使其在防卫上暴露出空隙，紧接着后手直拳再击脸部，这样击中的机会就大。又如，第一拳击打对手脸部使对手腹部暴露出防卫上的空隙，第二拳就击打其腹部。

至于第一拳打出后，第二拳用什么拳法组合，要根据事先计划、目的以及当时的具体情况而定。有的组合拳事先虽有计划和目的，但当第一拳击出之后，对手情况发生变化，那么，第二拳组合就要随对手的变化而变化。一二组合是基本常用的组合拳，一般是在下列情况下进行组合：第一拳击中对手时；第一拳使对手身体重心失去平衡时；第一拳把对手逼进台角时；第一拳把对手引进圈套时；第一拳把对手逼近绳边时；对手体力不支时。

组合拳是一种拳法与另一种拳法组合起来击打。一二两拳组合是简单的组合拳；三拳以上不同拳法的组合拳，又叫复合组合拳，简称组合拳。一般我们以前手直拳为1，后手直拳为2，摆拳为3，勾拳为4，击头为上，击腹为下。

1. 两拳组合

（1）前手拳两拳

前手连打两拳的组合，如（1，1），（1，3），（3，3）对应为（上，上）或（下，上），（上，上）或（上，下），（下，下）或（下，下）等。

（2）前后手两拳

前手和后手各出一拳的组合，如（1，2），（1，3），（2，1），（2，3）等。

2. 三拳组合

前手和后手击打出三拳的组合。

（1）前手拳二拳接后手

前手出两拳后手出一拳的组合，如（1，1，2），（1，3，2），（1，4，2），（4，3，4）……

（2）前后手二拳接前手

前手出一拳后，后手出一拳再接前手出一拳，如（1，2，1），（1，2，3），（1，2，4），（1，4，3）……

（3）前后手二拳接后手

前手出一拳后，后手出一拳再接后手出一拳，如（1，2，2），（3，2，2），（3，2，3），（1，2，4）……

（4）后前手二拳接后手

后手先出一拳接前手出拳再接后手出一拳，如（2，1，2），（4，3，2），（2，3，2），（2，4，4）……

3. 四拳组合

任意出四拳击打的拳为四拳组合，如（1，2，1，2），（1，2，2，3），（1，1，2，2）……

4. 五拳组合

任意击打出五拳的组合，如（1，1，2，1，2），（1，2，1，1，2），（1，3，2，3，2）……

5. 五拳以上的组合拳

把单拳、二拳、三拳、四拳按一定的节奏打出来，上下结合有轻有重的组合拳。

优秀的女子拳击手应把长短拳法组合起来，掌握使用组合拳的时机，并且一旦使用组合拳就要一鼓作气直到取胜。否则，会大量消耗自己的体力，适得其反。

练习方法

1. 空击

空击是熟练拳法和改进拳法的一种最基本的训练方法。空击练习除上述两种优点外，还可以改进击拳的发力和提高拳的击打速度。空击训练要先把单击拳、组合拳分开来训练。在单击拳的基础上进入组合拳训练。空击训练一定要把步法与拳法结合起来练，空击训练时间可按照比赛时间，一个回合一个回合地进行。

空击训练除了熟练单击拳法外，重点要放在一二组合，特别是一二直拳组合上。一般拳击手的一二直拳组合如果打不好，打出第一拳而第二拳打不出，或第二拳拳速跟不上，或打出第二拳后控制不住身体重心平稳，就会影响第三、第四拳的打出。因此，空击重点要放在一二直拳组合上，第二拳要及时跟着第一拳打出，要伸展开，发力要足，同时要保持身体重心平衡，勿使身体重心投影越出足的支撑面，从而保证第二、第三拳组合出去的效率。把一二直拳组合练好了，对手就不敢轻易逼近，所以它也是防御对手攻击的最好方法。

2. 影子拳

影子拳是女子拳击运动员在无对手练习的情况下，按照自己的意图施行技战术的一种练法。影子拳与空击拳的区别在于：在拳法熟练的基础上，按照意图和战术进行练习。顾名思义，影子拳是把自己的影子当作对手进行技战术练习。影子拳的作用意义在于熟练技术和战术，促进大脑思维活动能力，丰富战术意识，是女子拳击运动员的一项专门性练习。

影子拳练法的动作路线是不规则的、非周期性的。在练习的时候，可根据自己的意念自由发挥，假想对手进行击打练习。其运动量可大可小，既可作为大运动量练习，也可作为调节体力练习。

防守技术

女子拳击防守技术是使对手攻击不能得逞的一种技术。女子拳击是攻防密切配合的运动，没有进攻就没有防守，没有防守也就没有进攻。防守技术是进攻技术的基础，假如没有防守技术，那么一旦碰到强有力的攻击，就会处处受到威胁，无法主动攻击对手。因此，只有掌握了防守技术，才能发挥高度的进攻技术。女子拳击攻防姿势是防守技术的基本姿势，任何一个进攻技术的开始和结束，都要保持这个攻防姿势。女子拳击防御技术一般包括闪躲、阻挡、格挡、拍挡、阻挠、紧扣、掩盖等。

闪躲

闪躲是迅速、及时、准确地判断对手的出拳速度、方向、路线和距离，避开击来的拳。闪躲在防守技术中属上乘技术。闪躲的动作要迅速灵活，判断精确，在不离开拳程之内闪躲对手打来的拳。闪躲使用得当，不但使对手击而不中，还能使其消耗体力和处于被动地位。但闪躲不是消极闪躲，而是为了更好地逼近及还击对手。闪躲分侧闪、下闪、后闪三种。

1. 侧闪

侧闪是当对手打来直拳时，以头带动身体向左或右避开来拳。分左侧闪躲和右侧闪躲两种。

（1）左侧闪躲

左侧闪躲是向对手右拳臂外侧闪躲。当对手右直拳打来时，上身向左侧转30°～45°，略俯低，闪躲开右直拳，眼睛关注对手的一举一动，左拳或右拳随时准备还击对手。

（2）右侧闪躲

右侧闪躲是向对手左拳臂外侧闪躲。当对手左直拳打来时，上身向右侧转30°左右，上身略俯低，闪躲开左直拳，眼睛关注对手的一举一动，右拳或左拳随时准备还击对手。

2. 下闪

下闪是用来对付从直拳或摆拳内侧潜向外侧、乘机逼近还击对手的一种方法。对手打直拳或摆拳时，低头、含胸、下颌藏于两拳内，重心自然下降在两脚之间。

3. 后闪

后闪是站在原地不动，上体向后闪让10～20厘米，使对手直拳打不着。如对手左直拳或右摆拳猛打过来时，后撤一步，使对手打不中。后撤一步的距离不可过大，当对手直拳打不中时，用拳头能够还击到对手的距离为最佳。

阻挡

阻挡，是指用手、肘、臂、肩等不易受到损伤的部位去阻挡对手打来的拳头。阻挡不是理想的防御方法，当遭到重拳击打时，身体有关部位都会感到疼痛，甚至肌肉神经受到损伤。因此，阻挡防御非到必要时不要随便使用。使用阻挡时要善于利用身体某些动作缓冲对手的重拳，化重为轻。当对手的拳触及自己身体某一部位的瞬间，要憋气、鼓劲，身体有关部位的肌肉要保持一定的紧张度。

1. 阻挡直拳

（1）阻挡左直拳击打脸部

当对手用左直拳向你脸部打来时，用右拳或掌在近脸部处阻挡对手左直拳，左拳准备随时还击对手，或者用双手的拳、前臂进行阻挡。

（2）阻挡左直拳击打腹部

当对手用左直拳向你腹部打来时，上身略向左转，屈右臂用肘部去阻挡对手打来的拳。阻挡时肘臂要保持一定的紧张度，左拳随时准备还击对手。

（3）阻挡右直拳击打脸部

当对手用右直拳向你脸部打来时，用左拳或掌在近脸部处阻挡对手打来的拳，右拳随时准备还击对手。

（4）阻挡右直拳击打腹部

当对手用右直拳向你腹部打来时，即屈左臂用肘部阻挡对手打来的拳，阻挡时肘臂要保持一定的紧张度，右拳随时准备还击对手。

2. 阻挡摆拳

（1）阻挡左摆拳击打右腮面

当对手用左摆拳向你右腮面打来时，急屈右肘臂收紧拳头护右腮面，阻挡对手打来的拳，同时上身略向左转动一下以缓冲打来的重拳，左拳随时准备还击对手。

（2）阻挡右摆拳击打左腮面

当对手用右摆拳向你左腮面打来时，急屈左肘臂收紧拳头护左腮面，用左肩前部或左拳阻挡对手打来的拳。

格挡

格挡是指用手或前臂格挡对手打来的拳，从而从内方或外方占据有力攻击对手的位置。格挡要有准确的判断和敏捷的动作，当对手拳头打来刚要临近身体时，才用手把它拨开，或用臂格挡开。如果对手拳打来时，过早地将手臂伸出去格挡，不但不易奏效，反而会造成自己防御上的空隙，使对手有机可乘。所以，学习格挡有一定的难度，但一旦掌握了，用来对付直拳、摆拳较为有效。

1. 格挡直拳

（1）格挡右直拳击打脸部

当对手用右直拳向你脸部打来时，用左拳或前臂向外或向里格挡。

（2）格挡左直拳击打脸部

当对手用左直拳向你脸部打来时，用右拳或前臂向外或向里格挡。

（3）格挡右直拳击打腹部

当对手用右直拳向你腹部打来时，用左拳或掌向左格挡对手打来的前臂。

（4）格挡左直拳击打腹部

当对手用左直拳向你腹部打来时，用右拳或掌向右格挡对手打来的前臂。

2. 格挡摆拳

（1）格挡左摆拳击打右腮面

当对手用左摆拳向你右腮面打来时，急略低头，举起右前臂格挡对手的左前臂处。

（2）格挡右摆拳击打左腮面

当对手用右摆拳向你左腮面打来时，急略低头，举起左前臂格挡对手的右前臂处。

拍挡

拍挡是指用拳或手掌以轻巧的动作拍挡对手打来的直拳。拍挡有同名手拍挡（即交叉拍挡）和异名手拍挡两种。同名手拍挡，是用右手拍挡对手打来的右直拳的拳侧面，或用左手拍挡对手打来的左直拳的拳侧面。异名手拍挡，是用右于拍挡对手打来的左直拳的拳侧面，或用左手拍挡对手打来的右直拳的拳侧面。

拍挡后的还击方法：右手拍挡用左直拳还击，左手拍挡用右直拳还击。在拍挡之后，也可用一二直拳还击。使用拍挡，判断要准确，拳到下颌处把它拍掉。手不宜伸得过长去拍挡，这样只能是为拍挡而拍挡，无法及时还击对手。拍挡时，动作不可幅度过大，以免让对手有机可乘。拍挡一般有拍挡左直拳击打脸部、拍挡右直拳击打脸部和拍挡左直拳击打腹部等。

1. 拍挡左直拳击打脸部

当对手左直拳向你打来临近脸部时，只需用右拳或掌向左拍挡一下对手打来的拳头，就能改变对手打来的拳头的方向，变被动为主动，左拳随时准备还击对手。

2. 拍挡右直拳击打脸部

当对手用右直拳向你脸部打来时，用左拳或掌向下方拍挡对手打来的拳，右拳随时准备还击对手。

3. 拍挡左直拳击打腹部

当对手用左直拳向你腹部打来时，用右拳或掌向下方拍挡对手打来的拳头，左拳随时准备还击对手。

阻挠

阻挠是用拳头伸在对手面前晃来晃去，藉以遮住对手的视线，迷惑其有效出拳，伺机给予攻击。使用此法的目的是，不让对手取得最佳出拳角度和时机；并在阻挠的同时，制造对手防卫上的空隙，使自己的另一手可以攻击。

女子拳击比赛（四）

紧扼

紧扼是在不违背比赛规则的前提

下，用两拳臂紧扼住对手的拳臂，并用上身紧贴住对手，使他两拳不能出击，等待裁判命令分开。这种紧扼防御应尽可能不用，或少用。只有当自己处于极度疲乏时，万不得已才使用此法，藉以恢复体力。使用紧扼方法时要注意，不要让对手脱开。当对手企图脱开时，可用上体紧靠在对手的身上，同时脚步要随时跟上，目的都是为了使对手脱不开身。

掩盖

掩盖是低头、含胸、收腹，头部藏在两拳臂里，从两拳缝中监视对手，伺机还击的一种战术。使用此法，只有在自己处于极度疲乏时，或被击中要害一时无法还击、避免被对手击倒时。使用这种防御法，除非引诱对手，没有到完全处于被动挨打、自己又无力还击的地步，尽可能不使用，但一定要学会此法以防万一。

还击拳和迎击拳

还击拳

还击拳指通常在用各种防守技术防守各种来拳后，对准对手防御上的空隙予以还击。这是一种反应速度快、身手敏捷高超的拳击技术。有下面几种方法：

1. 对手打前手直拳的还击

（1）用左直拳还击对手的下颌

阻挡或拍挡还击，当对手左直拳向你下颌打来时，用右手向左下方拍挡或阻挡对手的拳，同时用左直拳从正面还击对手的下颌。

（2）用右直拳还击对手的下颌

当对手打出左直拳击腹时，用左手向左下方交叉格挡，用右直拳还击对手的左侧下颌。

（3）用右直拳还击对手的腹部

当对手右直拳向你下颌打来时，略低身闪躲对手右直拳，同时用右直拳还击对手的腹部。

（4）用右直拳还击对手的腹部

当对手左直拳向你下颌打来时，略低身体向右侧闪过，用右直拳还击对手的腹部。

（5）用左上勾还击对手胸腹部

当对手左直拳向你下颌打来时，向左闪躲过，左脚同时上半步，用左上勾拳还击对手的胸腹部。

（6）用右侧勾拳还击对手的左腮

当对手左直拳向你下颌打来时，右脚同时上半步，向右闪躲过，用右侧勾拳还击对手的左腮面。

（7）用左摆拳还击对手的右腮

当对手右直拳向你下颌打来时，向左侧闪躲过，同时用左摆拳还击对手的右腮面。

2. 对手打后手直拳的还击法

（1）用右直拳还击对手的下颌

当对手的右直拳向你腹部打来时，向右侧闪躲过，同时用右直拳还击对手的下颌。

（2）用右直拳还击对手的下颌

当对手的右直拳向你下颌打来时，用左手向下方拍打对手的拳，同时用右直拳击打对手的下颌。

（3）用右摆拳还击对手的左腮

当对手的左直拳向你下颌打来时，向右侧闪躲，同时用右摆拳还击对手的左腮面。

（4）用左摆拳还击对手的右腮

当对手的右直拳向你下颌打来时，向左侧闪躲过，并同时用左摆拳还击对手的右腮面。

（5）用右摆拳还击对手的腹部

当对手的右直拳向你下颌打来时，向左侧闪躲过，同时用右摆拳还击对手的腹部。

（6）用左摆拳还击对手的腹部

当对手的左直拳向你下颌打来时，向右侧闪躲过，同时用左摆拳还击对手腹部。

（7）用左侧上勾拳还击对手的下颌

当对手的右直拳向你下颌打来时，向左侧闪躲过，同时用左侧上勾拳从对手右直拳的内侧由下向上还击对手的下颌。

（8）用右侧上勾拳还击对手的下颌

当对手的左直拳向你下颌打来时，向右侧闪躲过，同时用右侧上勾拳还击对手的下颌。

（9）用右上勾拳还击对手的胸腹部

当对手的右直拳向你下颌打来时，向右侧闪躲，同时用右上勾拳还击对手的胸腹部。

（10）用左上勾拳还击对手的胸腹部

当对手的左直拳向你下颌打来时，向左侧闪躲，同时用左上勾拳还击对手的胸腹部。

（11）用左上勾拳还击对手的下颌

当对手左直拳向你下颌打来时，向右侧闪躲过，同时用左上勾拳还击对手的下颌。

（12）用右上勾拳还击对手的下颌

当对手右直拳向你下颌打来时，向左侧闪躲过，同时左脚向侧移步并用右上勾拳还击对手的下颌。

（13）用右直拳还击对手的下颌

当对手的右直拳向你下颌打来时，用后闪的方法让开；对手收拳时，左足上半步，同时用右直拳还击对手的下颌。

（14）用右直拳还击对手的胸腹部

当对手右直拳向你下颌打来时，用后闪让开；对手收拳时，左足上半步，同时沉低上身，用右直拳还击对手的胸腹部。

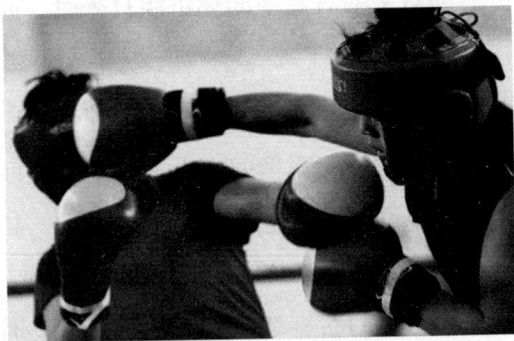

女子拳击比赛（六）

（15）用左摆拳还击对手右腮

当对手用右直拳向你下颌打来时，用后闪的方法让开对手的左直拳；对手收拳时，左足上半步，同时用左摆拳还击对手的右腮面。

（16）用右摆拳还击对手的左腮

当对手用左直拳向你打来时，用后闪的方法让开；对手收拳时，左足上半步，同时用右摆拳还击对手的左腮面。

3. 对手打前手摆拳的还击

（1）用左直拳还击对手的下颌

当对手打出左摆拳时，用手阻挡；对手收拳时，用左直拳还击其下颌。

（2）用左直拳还击对手的下颌

当对手用左摆拳向你右腮面打来时，用右掌或前臂格挡，同时用左直拳还击对手的下颌。

（3）用右直拳还击对手的下颌

当对手用右摆拳向你左腮面打来时，用右直拳还击对手的下颌。

（4）用右直拳还击对手的下颌

当对手用左摆拳向你右腮面打来时，下闪后，用左直拳还击对手的下颌。

（5）用左摆拳还击对手的右腮

当对手用右摆拳向你左腮面打来时，下闪后，即用左摆拳还击对手的右腮面。

（6）用左上勾拳还击对手的腹部

当对手用右摆拳向你左腮面打来时，在下闪的同时，用左上勾拳还击对手的腹部。

（7）用左侧勾拳还击对手的右腮

当对手用右摆拳向左腮面打来时，下闪后，用左侧勾拳还击对手的右腮面。

（8）用右侧勾拳还击对手的左腮

当对手用左摆拳向你右腮面打来时，下闪后，即右足上半步，用右侧勾拳还击对手的左腮面。

4. 对手打后手摆拳的还击

（1）用右直拳还击对手的下颌

当对手用右手摆拳向你左腮面打来时，用左拳臂格挡，同时用右直拳还击对手的下颌。

（2）用左摆拳还击对手的右腮

当对手用右摆拳向你左腮面打来时，下闪后，左脚上半步，用左侧勾拳还击对手的右腮面。

（3）用左侧勾拳还击对手的右腮

当对手用左摆拳向你右腮面打来时，下闪后，即用左摆拳还击对手的右腮面。

迎击拳

迎击拳是先用"引拳"引诱对手，使对手按照自己的意图出拳，然后抢先打击对手身体的要害部位。迎击拳是一种上乘技术，掌握这种技术要有精确的判断能力和冒险的精神。各种迎击技术如下：

1. 右直拳迎击对手的左直拳

当对手打出左直拳时，在下闪沉低身体的同时，用右直拳抢先迎击对手的腹部。

2. 右直拳迎击对手的右直拳

当对手打出右直拳时，在下闪沉低身体的同时，用右直拳抢先迎击对手的腹部。

3. 右直拳迎击对手的左摆拳

当对手打出左摆拳时，即用右直拳抢先迎击对手的下颌部位。

4. 右直拳迎击对手的右摆拳

当对手打出右摆拳时，即用右直拳抢先迎击对手的下颌部位。

5. 左上勾拳迎击对手的左直拳

当对手打出左直拳时，即向左侧闪躲，用左上勾拳迎击对手的脸部。

6. 右上勾拳迎击对手的右直拳

当对手打出右直拳时，即向右侧闪躲，用右上勾拳迎击对手的腹部。

7. 左上勾拳迎击对手的左直拳

当对手打出左直拳时，即向右侧闪躲，用左上勾拳由下向上打击对手的下颌。

8. 右上勾拳迎击对手的右直拳

当对手打出右直拳时，即向左侧闪躲，用右上勾拳从对手右外侧由下向上打击对手的下颌。

9. 左侧上勾拳迎击对手的右直拳

当对手打出右直拳时，即向左侧闪躲，用左侧上勾拳打击对手的腹部。

10. 右侧上勾拳迎击对手的左直拳

当对手打出左直拳时，即向右侧闪躲，用右侧上勾拳打击对手的下颌。

11. 左侧上勾拳迎击对手的右直拳

当对手打出右直拳时，即向左侧闪躲，用左侧上勾拳由下而上打击对手的右边下颌。

12. 对打勾拳的迎击

善于打勾拳者，不论他打左勾拳还是右勾拳，必定先要用直拳开道，然后逼近，才能击打勾拳。当善打勾拳的对手欲逼近时，只需用左直拳或右直拳对准对手的脸部迎击，其勾拳就无法得逞。

13. 对猛打猛冲者的迎击

凡是猛打猛冲者，其技术是不会太精湛的，只是靠勇气和一

女子拳击比赛（七）

股拼劲取胜。凡是这样的选手，其体力和耐力是不可轻视的。遇上这样的对手，迎击的关键在于自己的头脑要冷静沉着，用左直拳或右直拳对准其头部迎击通常是比较有效的方法。

还击拳和迎击拳的合理运用

还击拳、迎击拳与防守技术相互配合就是一种进攻技术，防守是为还击和迎击创造条件。还击拳要以防守方法为前提，它必须在防守的基础上利用对手出击时防卫上的空隙来完成还击计划。迎击拳是在抢先出拳的同时让对手打空。还击要有精确的判断能力和敏捷的反应速度，同时在实施还击技术时要胆大心细，有勇敢的精神，才能

成功。

　　每一记有效的还击和迎击，事先要有充分的精神准备：对手打出什么样的拳怎样防御，用什么拳法还击，什么时间迎击，头脑一定要冷静，精神始终处于准备状态，就像驾驶高速的摩托车时需要精神高度集中一样，这样才能在一瞬间成功地还击对手。在比赛实践中，还击和迎击要注意三点：

　　1. 预知对手出击什么拳法，当对手出拳后，用最适当的拳法给予还击或迎击，使对手受到严厉打击。这是一种最完美的还击拳法。

　　2. 事先不知对手打什么拳，当对手拳打出后才发觉该用什么拳法还击或迎击。在这种情况下，还击虽不至于不可能，但是很难准确、及时、有效地还击或迎击对手。

　　3. 事先既不知对手击打什么拳，事后又不知该用什么拳法还击或迎击，只是用拳胡乱还击一通。这种还击方法非但不易取得积极的效果，而且包含着被击的危险性。这时，我们就需要善于伪装，在防卫上故意露出破绽，引诱对手来攻，及时予以有力的还击或迎击。

女子拳击战术

战术制定原理

女子拳击对抗是一项斗智斗勇的项目，运动员水平越高，斗智的比例占得越大。斗智的过程，实质上就是战术运用的过程。战术是千变万化的，但只要掌握战术制定的原理，就能以不变应万变。

战术制定的原理主要有以下几个方面：

1. 按对手的特点设计战术

兵法曰："知己知彼，百战不殆。"拳击比赛犹如战争，要战胜对方，首先要了解对方，不了解对方，制定的战术就没有针对性。主要应了解对手以下几个方面的情况。

技术特长。了解对方擅长什么拳法，是后手拳还是前手拳。总之，一定要深入、细致，才能有的放矢。

攻防类型。有的队员是主动进攻型的，有的队员是防守反击型的，有的队员是综合型的。制定战术前一定要了解对手的攻防类型。

身体素质。有的队员是力量型的，有的队员是速度型的，有的队员是耐力型的。了解了对手的素质特点，就能做到扬长避短。

心理素质。有的运动员虽技术较好，但心理素质较差，遇到拳重的运动员便产生畏惧心理，动作变形，反应迟钝，简直判如两人。有的运动员心理承受能力和控制能力较好，无论遇到重创还是比分落后，都会泰然处之。针对不同心理素质的运动员应采用不同的战术。

2. 按自身的特点设计战术

俗话说：知彼难，知己易。多数人都有个通病，就是经常过高地估计自己，过低地评估别人。要做到了解自己的特点，并不是一件容易的事。了解自己也应该从四个方面，即技术特长、攻防类型、身体素质、心理素质入手。只是要注意一点，所谓的特长，都是相对的，不是绝对的。对手不同，你的所谓的特长，就会起变化。因此，要在了解对手的前提下，选择自己的特长，制定合理、有效的战术。

3. 按灵活多变的原理设计战术

灵活多变是所有战术应用的根本。因为比赛过程是千变万化的，对方会根据你的战术而改变自己的战术。假如始终贯彻一个战术，对方已经摸清了你的战术意图，并采用了相应的措施限制了你，你就必须迅速改变战术，让对方防不胜防。因此，掌握多种战术形式，是灵活多变战术应用的基础。

4. 按控制与反控制原理设计战术

事物的发展都是相生相克的，女子拳击技术的设计也是如此，有进攻技术，就有防守技术。战术设计也摆脱不了这个规律，控制与反控制是女子拳击战术设计的基本原理。对手任何一个特长，都有破解方法，只是你是否具备破解对方的条件。女子拳击比赛过程实质上就是控制与反控制的过程。你控制了对方的特长，你就取得对抗时的主动权，获得胜利；反之，对方就取得了胜利。

5. 根据竞赛规则和规程设计战术

规则和规程是训练和比赛的准绳，所有训练和比赛都是在规则这根指挥棒的指挥下进行的。所以，研究规则、利用规则，是设计战术的前提条件。规则中以下部分是值得研究和利用的：优势胜利的条款，得分动作的条款，犯规动作的规定。

女子拳击对抗时，情况千变万化，战术形式多种多样，但如何应用战术是关键。它不仅是经验的积累，同时也是智慧的体现。每个运动员和教练员都要不断提高这方面的知识和能力。

女子拳击的一般战术

女子拳击比赛形式，是双方运动员击打对手身体的规定部位。比赛有攻有防，攻中有防，防中有攻，攻防结合。攻防是一对矛盾的统一，没有进攻就没有防御，没有防御也就没有进攻。如此产生了拳击战术。拳击战术除了应有预计性之外，还必须具有灵活性、随机应变的特点。运动员的身体训练、技术训练、心理训练、意志训练、智商训练、比赛经验都是战术的基础。没有这个基础，谈女子拳击战术就只是纸上谈兵。

拳击战术的意义在于根据对手的具体情况，有针对性地拟定战术，在比赛中实施，达到取胜的目的。

在双方运动员技术与实力旗鼓相当、势均力敌的情况下，制胜的关键是战术运用得当；战术运用成功又会反过来促进运动员的心理素质和技战术水平进一步发展和提高。

现代业余女子拳击比赛，由于双方运动员都戴上了护头，头部安全似乎有了保障，比赛较以前更为紧张激烈，在情况复杂、瞬息多变之下，运用战术尤为重要。

女子拳击运动员在掌握了一定的技术之后，就要对战术进行研究。因为，比赛双方始终处在发挥与反发挥、制约与反制约之中，竞争过程中都力图争取主动、有效地击打对手，能否取胜很大程度上取决于战术运用是否有效。

1. 声东击西战术

声东击西战术就是指东击西、指西击东的一种虚虚实实的打法。例如，佯攻对手头部，而实际目的是击打其腹部；用直拳从正面佯攻，实际上是准备用摆拳从侧面攻击。声东击西之目的就是使对手顾此失彼，防不胜防。声东击西的方法很

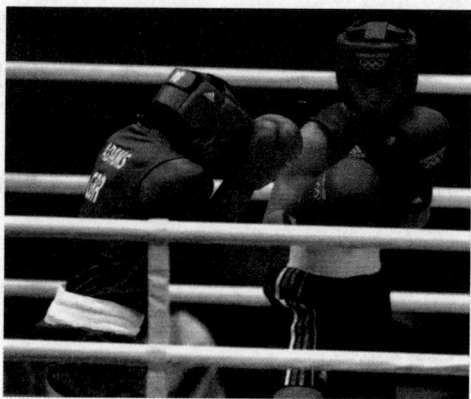

女子拳击比赛（八）

多，但不论使用哪一种，原则都是相同的，就是把对手的注意力吸引到佯攻拳上来，造成对手忽视另一处的防卫，以便对之有力地攻击。

一般声东击西的方法，是第一拳佯攻，第二拳实攻。有经验的女子拳击手在击出的一连串的拳法中，有虚拳有实拳，但无从预知哪一拳是虚、哪一拳是实。在使用此战术过程中，不可能事先规定哪一拳是虚、哪一拳是实，这要根据对手当时的具体情况而定。要做到这一点不容易，必须在实战中锻炼和体验。

2. 佯攻战术

佯攻战术在比赛中普遍采用。使用佯攻战术的目的在于消耗对手的体力，打乱其战术意图。佯攻战术在比赛中可以不断使用，以积极主动进攻的形象威慑对手。但使用佯攻战术者自身要以充沛的体力和耐力为基础。

佯攻战术使用的方法：当对手严阵以待时，即可佯攻；当对手反击时不与其硬拼，进行远距离一记一记的散击；当对手再次严阵以待时，再次佯攻；当对手体力不济时，即予以严厉的攻击。

3. 前拳战术

前拳战术是利用前拳技术在对手面前进行虚虚实实的干扰，干扰对手的视线来达到取胜的目的。使用时要注意以下几点：

（1）出前拳要声东击西，先发制人，使对手捉摸不定。例如，前拳佯攻对手胃部，当对手防护胃部时，就攻打对手的面部；或佯攻对手面部，对手防护面部时，就改打其胃部。

（2）为达到破坏对手的防守姿势的目的，用前拳去击打对手的拳套，引诱他出拳击打，使其拳击姿势改变后露出破绽，从而用其他拳法实施攻击。

（3）捉摸对手头部和身体移动的方向规律。例如，对手头部习惯向右偏移，前拳就不直接向头部方向打去，而是佯攻一下对手的头部，当对手习惯地向右偏移时，后手拳就直接向对手头部偏移方向打去，正好可击中对手的头部。如对手习惯后退或头后仰，则前步配合后手拳打去。

（4）不断地使用前拳以搅乱和破坏对手的进攻，或用前拳格挡，阻击对手打来的拳头，使对手处在被动紧张状态，无法形成有效进攻。

4. 引拳战术

所谓引拳，即第一拳打出是为了破坏对手的防御姿势，为第二拳攻击创造条件。打"引拳"的作用是，当对手严阵以待时，先别急于用全力去进攻，应先用"引拳"佯攻，引出对手一个很自然的防御性的自卫动作。在这一瞬间，对手往往会暴露出身体上某一部位的防御空隙，这样就可为第二拳进攻创造机会。

在引拳使用之前，要准确估计出对手被引诱之后身体上会暴露出哪些部位的空隙。如果不预先有个估计，而要依靠对手暴露之后再击出第二拳，这拳往往不能达到自己所企盼的效果。因此，打引拳要设法诱使对手向自己所预计的方向运动。例如，对手防御很严，要想使对手头部露出空隙，就用前手（左）直拳作引拳佯攻对手腹部，当对手腹部遭到击打时，多数用右臂去阻挡。这时，对手的头部就会露出防御破绽，那么第二拳就可用后手（右）直拳对准对手的头部击去，这样，击打的命中率会大大提高。

打引拳最重要的一点是：打出引拳后，身体重心一定要保持平衡，不能过分前倾。如不能保持平衡，就会失去重心而影响第二拳的有效击打。

5. 伪装战术

伪装战术，即故意暴露出防卫上的某一空隙，或者在比赛中伪装成疲乏不堪的样子，以麻痹对手。用伪装的各种方法引诱对手来攻击，乘其不备，出其不意地攻击，打对手一个措手不及。这种出其不意的反击往往能重创对手而取得决定性的胜利。但要注意：伪装战术不可在同一场比赛中反复使用，只能偶尔使用一两次，而且在使用过程中要胆大心细，有冒险精神，但更要有把握；否则，就会出错。

6. 隐蔽战术

隐蔽战术是重要的战术手段。一个有拳击素养的运动员，在平时训练中，把自己的一两手拳法杀招隐蔽起来。在比赛中不论对手怎样进攻，不到有利时机，不露声色，看上去像个小心谨慎的拳击新手，其目的是为了松懈对手的警惕性，伺机打出杀手拳。如击中，可大伤对手的战斗意志，使其不敢轻易出击，从而使自己取得比赛的主动权，为最后胜利奠定基础。

7. 阻挠战术

阻挠战术是用前手拳伸在对手面前晃来晃去，不让对手的前后拳取得最佳出拳距离和时机。当对手的前手拳或后手拳出击时，即用伸在面前的拳或掌去阻挠，并用后手拳加以攻击。

运用阻挠战术的目的在于在阻挠对手出击的同时，迫使对手暴露出防御上的空隙，让自己的后手拳加以攻击。在动用阻挠战术的同时可兼用引拳，把对手拳引出来再予以后手攻击。值得注意的是，在比赛中不能一味运用阻挠战术。阻挠对手出拳和闪避打来的拳，不但在战术上处于被动，而且会因为消极而遭到裁判的罚分。所以说，阻挠的目的是为自己的进攻创造有利的条件，决不可为阻挠而阻挠。

8. 边角战术

边角战术是指女子拳击运动员在比赛中，根据对手或自身处于女子拳击台的台角或围绳边的情况，而采取的有效攻防的战术。当比赛的双方进行对抗时，有某一方运动员的背部贴靠着围绳或者台角的护垫，此时双方所进行的对抗即为边角对抗。当女子拳击比赛的一方运动员进入某个台角，那么此刻他将处于被动挨打局面。因为一旦进入台角，正面就会受到对手堵击，向左右移动又受到围绳的阻碍，向后移动又无退路。在左右后三面受阻的情况下，只有从正面去冲击对手。此时，从进攻及防守的角度来看，如果台角内的一方进攻，那么台角外的防守一方只要稍微地后退或者左右移动一下，就能轻易地避开来拳。反过来，如果是台角外的一方进攻，那么台角内的一方进行防守，由于台角的位置因素，其防守将会很难，从而使得台角外的运动员的击中率提高，得分相对上升。而击中率高了，则其重拳击中的可能性也大了，所以击倒也是比较容易的。身处边绳位置来看，虽然防守时左右两侧可以移动，但也只能从正面去冲击对手。因此相对于拳台中央的位置来看，其被击中率与被击倒率也肯定较大。所以，从位置的角度讲，处于台角和边绳位置的运动员，不管在防守还是进攻上都是比较不利的。当然，反过来说，对于这些位置外的一方，则是最佳进攻时机。

对付不同对手的打法

1. 对付高个子的打法

个子高，腿长步幅大，手臂长拳距点远，力量一般也比较大，这是高个子运动员的有利条件。但也有其不利的一面：身高重心也容易失衡；动作幅度大，不利于近距离击打。对付高个子对手的一般打法：

（1）不断移动自己的步子，使对手出拳打不到；当他出拳时，就潜进去逼近攻击，用平勾拳猛击其腹部，使他失去臂长的优势。

（2）用阻挠方法使对手得不到最佳出击的角度和距离，当他出拳时就潜进去向前挤逼，使其重心失衡；他后退，就用前后手直拳猛击其头部和腹部。

（3）向对手左边移动，迫使其前后手直拳难以实施有效击打；转移到其左臂外侧即用左平勾拳击其腹部，右侧勾拳击其头部腮面。

2. 对付左撇子的打法

平时与左撇子对练较少的拳击手，一旦与左撇子比赛，就会感到动作别扭，心理上就会失去平衡。相反，左撇子拳手平时就常与正架拳击手练习惯了，故比赛起来其动作自然，得心应手，这无疑在心理上胜对手一筹。其实，双方攻防动作姿势谁也不占便宜，只不过是一个左手左足在前，另一个是右手右足在前而已。

对付左撇子的一般打法：双方运动员站中距离位置，左手伸出一点，在对手右拳内侧，阻挠其右拳和左拳出击，向其右侧不断地移动，这样就能缩小自己的被击打面，扩大了对对手的击打面，使左撇子的优势发挥不出来。在向左撇子左边移动时，用右直拳先发制人，击打其下颌，使其处于被动地位。左撇子的左拳在通常情况下伴随着右拳迅速出击，其右拳打不出来就抑制其左拳打不出，同样，不让其在前的右拳打出来，就相对削弱了其后手左拳的灵活性。如果左撇子的左拳单拳打出来，由于左拳运动路线长，容易发觉，也易防守和还击。左撇子欲逼近来打时，只需略抬高左手臂封住其左拳出击，并在向其右侧移动的同时用右直拳或摆拳击其右面部，这样就能取得有效打击和主动权。

3. 对付上身俯低对手的打法

上身俯低并用两拳、臂掩护头部，做这样姿势的对手，就像藏在盾牌后面。遇到这样的对手，切不可让他挨近或自己主动逼近对手，要随时提防其突然攻击。对付这种对手时，要不断地用直拳击打其头部，用直拳制止其逼近或猛攻近打，另一手用勾拳击打其下颌。假如对手左手左足在前俯低上身时，用后手直拳击打其拳、手臂或肩，连着用左勾拳击打其下巴。对手如是左撇子，就用左直拳击打其右拳臂或肩，随后用右勾拳击打其下颌。这样的打法可使对手偏向一边而失去平衡，暴露其防卫上更多、更大的空隙。如果成功的话，就可乘机用直拳组合。

4. 对付猛冲猛打对手的打法

猛冲猛打的打法多半是直线冲进来逼近打。对付这种打法的有效办法是：当对手猛冲时，采用向左或右转让的方法。决定向哪个方向转移，则要根据对手猛冲时哪一只拳头先打出的外侧为转让方向。如对手先打左直拳，则向他左侧方向转移，在转移时要用右拳阻挡对手左臂，同时用左侧勾拳击打其下颌，紧接着用右侧勾拳击打其左腮面。另一种有效的打法是：当对手猛冲时，用一二直拳组合击打其脸部。他如果继续猛冲近来，则紧扭住对手，把身体重心俯压在其身上，等待裁判命令分开。倘若对手继续使用猛冲猛打的方法，则可反复使用上述两种方法对付之。但要注意，对手连续冲打时切不可一味后退，如一味后退则会处于被动挨打的地步。

5. 对付重拳对手的打法

身高力大的对手打出的拳肯定是沉重的，但也有些拳击手体力并不怎样大，可往往打出的拳头很沉重。遇上这样的对手是危险的，不论他们打出什么拳法，如被击中要害部位，就有被击倒的危险。对付这种拳手最要紧的，是在思想上既不可轻视，又不可处处提防，使自己缩手缩脚以致丧失主动权。要认真分析其重拳的规律，找出对付的办法。

（1）足步站稳之后才能打出重拳。对付他的办法是：不断移动步子，不使对手站稳即出拳。多用引拳使对手移动步子，出其不意地用前后手直拳击打。当对手刚要站稳准备出击时，就与他保持一定的距离，使对手无法使出重拳。与重拳对手对阵时，切不可与其中距离硬拼硬打。

（2）拳头重的另两种情况：打直拳时利用身体重量向前运动和出拳速度快，对准目标冲击；击打侧勾拳时，利用扭腰动作，将身体重量全部集中到拳臂上打出去。这两种打法的拳头是沉重的。对付的办法：当对手打出直拳时，向对手直拳外侧闪让，使其直拳打空；当对手打摆拳时，用潜闪使其摆拳打空；当对手打出侧勾拳时，使用格挡或后闪的方法使其侧勾拳打空。当对手一旦打空、调整重心时，及时给予对手一个措手不及的击打，往往能取得最佳的击打效果。

6. 对付善于散击对手的打法

善于散击的对手，其身手一般比较灵活。散击具突击性，打了就跑开，常向周围迂回。当你稍一大意时，就会遭到突然的攻击；当你刚要还击时，他就走开远离你，同你保持一定的距离。有时，他用诱骗的方法逗引你出拳，当你刚要出拳时，就会陷入他的布阵而遭到攻击。对付这样的对手不可急躁，而要沉着应战，加强防卫，全神贯注于对手的一举一动，采取处处设防、步步紧逼的打法，迫使对手走向台角或绳边，使他受到左右两边绳子和台角的阻碍。后无退路，他的散击打法就会失去效用。当对手一走进台角或绳边时，就发起突然攻击，往往会取得良好的击打效果，但切不可追着他打；否则会进入他的圈套。

7. 对付善于用前手拳的对手的打法

每个拳击手都善于以前手拳作刺拳为先锋，右直拳为主力拳。刺拳不论击中与否，或者有机可乘时，后手右直拳就会紧跟着刺拳打出来。有的拳击手善用刺拳虚虚实实地迷惑对手，你不能识破其用意时，他的后手主力拳就会击中你。当他的刺拳不能起到迷惑作用时，他的后手主力直拳就不会轻易打出来。因此，当遇到善于用刺拳作引拳的对手时，对付的办法如下：

（1）用前手拳伸出阻挠对手的刺拳。

（2）用后手拳阻挡或拍挡对手的刺拳，用前手刺拳还击。

（3）向对手刺拳外侧方向闪躲，用后手侧勾拳击打其腮面。

（4）闪躲刺拳后，向对手逼近，连击其胸腹部。

8. 对付善于用后手直拳的对手的打法

一般拳击手都是以后手直拳作为主力拳，因为后手拳击打力量大。

但当后手直拳一旦打空时，最容易失去身体平稳，也最消耗体力。所以，善打后手直拳者如果没有好的时机和把握，不会轻易打出后手直拳。因此，善打后手直拳的对手，他的后手直拳像狡猾的兔子一样敏捷灵活，使你很难抓住出击时机。对付后手直拳打法的办法是：用前手拳去阻挠其后手直拳出击，同时用后手直拳或摆拳去攻击头面。另一种办法是用前手阻挠对手后手直拳打出来，同时逼近对手攻击，使其后手直拳发挥不出来。

9. 对付善于还击的对手的打法

善于还击的对手，在你打出实拳后才有用武之地。与善于还击者比赛，不要先出实拳，尤其不要打出他所希望的实拳。对付这样的对手办法有三：一是尽量使用引拳诱使对手先出拳，然后加以还击；或者打出对手所希望的拳法，但事先准备好对付还击的办法。二是采取逼近攻击，迫使对手失去身体重心平衡而无法还击。三是上身俯低，边逼近边出拳连续击打，使对手无还击余地。在这些办法都不能生效时，注意不要退出来，应紧扼住对手，让裁判员命令分开，然后再组织第二次攻击；否则，当你主动退出时，就会受到对手的还击。

PART 8 裁判标准

裁判是拳击比赛的一项重要工作，裁判组织是否健全和裁判人员的素质高低，都直接影响着拳击比赛能否顺利进行。因此，裁判人员的分工必须明确，必须熟练掌握拳击技术和业务，真正领会和掌握竞赛规则和精神，而且要在执法时坚决做到严肃、认真、公正和准确，通过自己的努力使运动员在比赛中充分发挥出拳击技术和战术水平。

裁判员负责查看比赛选手是否犯规，而选手则必须听从裁判员的指令。每个回合比赛结束后，都会有 3～5 名裁判员负责给每一名比赛选手打分。记分员会在每个回合开始和结束的时候摇铃。

拳击比赛的裁判工作是在仲裁委员会的监督指导下进行的，下设裁判组、评判组、记录员、计时员、检录员、临场宣告员和临场医生等。

仲裁委员会

在全国性拳击比赛中，仲裁委员会由 7～9 人组成。其成员应来自不同单位，但必须是精通比赛规则、熟悉拳击技术和富有裁判工作经验的有关人员。

仲裁委员会的具体职责

（1）监督裁判员、评判员正确执行规则，并对裁判员、评判员进行业务考核。

（2）当台上裁判有明显错误时可以撤换台上裁判，但必须以仲裁委员多数人意见为准。

（3）如果场上比赛不能正常进行，并且台上裁判不能采取有效行动时，仲裁委员会可以下令停止比赛。

（4）比赛结束后，仲裁委员会主任需在执行裁判任务的裁判员、评判员和裁判工作人员的裁判证书上签字。

台上裁判员

在拳击比赛中，台上裁判员是每场比赛的组织者，控制着比赛的进行。台上裁判员水平的高低，直接关系到运动员的发挥。战术的发挥，影响着运动员的胜负。拳击比赛是紧张激烈、对抗性极强的运动，台上裁判员应该准确地判定双方运动员的攻防成绩，同时要严格按照规则的精神，对运动员有意无意所造成的犯规以及动作不合理现象，立即进行制止和判决，从而防止伤害事故的发生，保护运动员的安全。

台上裁判员的一般职责

（1）严格遵守裁判员守则，正确执行规则，执法公正、准确、严肃、认真。

（2）根据规则要求和场上实际情况，合理控制比赛的每一个阶段。

（3）防止水平悬殊的运动员继续比赛，防止意外事故的发生。

台上裁判员是唯一有权在比赛过程中登上拳击台的裁判。

台上裁判员应根据大会要求穿好裁判服装，按规则要求执行裁判任务。在比赛开始前检查双方运动员的拳套是否符合规则要求，是否带上护齿和护裆；然后，让双方运动员在台中间互相握手致礼，再让其回到自己的角落。检查台下评判员是否准备就绪，医生是否就位，然后向计时员示意准备开始。听到哨声或指令后，走到拳击台中央，示意双方运动员准备，然后喊"box"（开始比赛的意思），开始比赛。

听到回合结束的锣响时，台上裁判员应立即喊"stop"，使比赛停止，示意双方运动员回到自己的角落。然后，台上裁判员走向中立角，面向计时员，同时注意双方运动员，并要注意观察双方是否有较重的伤，如有必要，请临场医生进行紧急处理。当听到宣告员"助手退场"的口令时，台上裁判员走到台中央，示意运动员准备，并命令助手立即退场。锣声响后，立即发令"box"，使比赛开始。

台上裁判员在比赛结束后，回到中立角，稍等片刻，等评判员计分的时间，然后去收集每一个评判员的评分表，边收边检查，发现问题应立即退回让其纠正。主要检查分数累计是否正确，是否注明胜方，是否有评判员签名。全部收齐后交给仲裁委员会，然后回到拳击台中央，面对仲裁委员会席并召集双方运动员到台中央，用左右手分别握住蓝红角运动员的手腕，等宣告胜方后才可举起胜方的手臂，最后示意双方运动员致礼告别。

裁判宣布选手获胜

台上裁判员既要了解拳击比赛的技术和战术，熟悉规则精神，同时还要有较好的体力。裁判员要在赛前进行实习和学习，进一步熟悉规则和临场裁决，比赛中要准确把握和控制比赛的进行，以规则为指挥棒，引导比赛双方充分发挥各自的战术和技术，控制好比赛场面和节奏，一定不要受观众和赛场气氛的影响，要稳定执法。

整个比赛过程中，台上裁判员必须随运动员位置的变化而运动，使双方一直都在自己的监视之下，要把握好和运动员之间的距离，同时不能影响台下评判员的观察和评判。发现不符合规则行为应果断判罚，台上裁判员有权对犯规方运动员提出告诫和警告，告诫4次即可提出警告，警告3次取消该运动员比赛资格。如果有极其严重的犯规现象，台上裁判员可立即取消其比赛资格，经仲裁委员会同意后当众宣布。对于临场的一些不易判定责任方的犯规现象，就要靠台上裁判员的工作经验和对裁判法的掌握尺度，尽量明确责任，准确判决。

台上裁判员的数秒方式

（1）当选手被击倒后，裁判员开始数秒（从1数到10）。裁判员数秒时，应保持一只手在倒地选手的面前，用手势表示数秒的数字，在数到10秒后，如果倒地选手不能站起，可判对方获胜；

（2）倒地选手立刻站立起来后，应先接受裁判员的数秒（从1数到8），裁判员认为选手可以继续比赛时，示意比赛继续。如果被击倒选手站起来后，在无击打情况下再次倒地，裁判员则再一次8秒数秒；

裁判举胜利之拳

（3）倒地并正在被数秒的选手，只有在决赛的最后一个回合结束铃声响起时，才停止数秒。在其他回合比赛中，裁判员在铃声响后继续数秒；

（4）如果两位选手同时倒地，裁判员同时数秒，只要一方保持倒地，应继续数秒到10。如果双方在数秒到10时都不能站起，比赛将结束，倒地以前所获点数最多者胜出。

台上裁判员对犯规的判罚

判罚

（1）重击对方后脑，取消犯规运动员的比赛资格。比赛时利用摆拳进攻，而又掌握不好相互距离时，容易用远距离摆拳击中对方的后脑。如果击打不严重的可提出告诫或警告，如果重击或故意去打对方后脑的，就要取消犯规运动员的比赛资格。

（2）严禁开拳击打对方。开拳击打是犯规动作，有的运动员打摆拳或直拳时，为了重击对方，用开拳击打对方头部。这时，台上裁判员就要根据开拳击打的轻重程度，对犯规运动员提出告诫、警告，甚至取消其比赛资格。

（3）比赛时消极不战。消极不战的情形有两种：一种是运动员故意消极等待、试探，没有充分利用进攻的机会，这时台上裁判员就要示意消极一方主动进攻，否则就要进行告诫、警告，甚至取消比赛资格；另一种情形是，有一方运动员实力太差，实力悬殊，因而消极不战，这时台上裁判员为保护运动员安全，可以直接取消实力差的运动员比赛资格。

（4）判定绝对胜利（KO胜）。比赛中，一方运动员被对方用正确技术击倒，台上裁判员就要对倒地的运动员数秒，10秒后运动员不能站起来继续比赛，这时就可以直接判对方获得绝对胜利。如果一方运动员被对方用犯规方法打倒在地，10 秒后不能站起来继续比赛，这时台上裁判员就可以判倒地方获胜，犯规方为犯规失败。

倒地后数秒时应注意几个问题：一是让另一方运动员退回到较远的中立角站立等待，两手和身体不能抓靠围绳，然后对倒地者大声数秒，数秒时要用英语从 1 数到 10。每秒数一个数，同时要用手势在倒地者面前示意；二是，数秒时要注意观察双方运动员，不能只顾及一方；第三要分清倒地的原因和责任，是自己滑倒、被合理技术击倒、被犯规击倒或者是意外情况的发生，要快速合理地做出判决；第四要把被重击后运动员暂时失去意识，身体摇晃不能控制，但身体没有倒地的现象作为倒地处理，进行强制数秒，以保护运动员的安全。

（5）判定优势胜利，保护弱方运动员。如果比赛时一方运动员在体力、技术、战术等各方面都明显好于对方，这时，台上裁判员就要停止比赛，为保护弱方而宣布对方运动员优势胜利，结束本场比赛。

常见犯规行为

台上裁判员针对下述常见犯规行为，有权随时进行处罚，视情况进行告诫、警告和取消比赛资格。出现 4 次告诫就进行警告，一场比赛中一方运动员被 3 次警告，则取消该运动员的比赛资格。出现严重犯规造成严重后果时，直接取消犯规者比赛资格，经仲裁委员会同意后当场公布。

比赛时，运动员的教练、助手犯规，同样记在运动员身上，裁判员对运动员的教练、助手的判罚，应该在某种较安全的时候不停止比赛的情况下，对该方运动员进行告诫（劝告）。如果裁判员要警告运动员，先要停止比赛，并示意出犯规的动作，然后对 5 名评判员指明是哪方的运动员因犯规受到警告。

对犯规动作，台上裁判员要用专门的手势向运动员和评判员及仲裁示意。

常见的犯规行为有：

（1）用手臂搂抱对方的头颈部。

（2）用手臂夹住对方的手臂。

（3）用双手拥抱对方。

（4）一手抱住对方，另一手击打对方。

（5）利用围绳的反弹力顺势攻击对方。

（6）用拳套内侧或用张开拳套击打对方。

（7）攻击对方腰带线以下的部位。

（8）用手臂击打对方。

（9）用肘关节击打对方。

（10）攻击对方的后脑或后颈部。

（11）攻击对方的后背部。

（12）拖抱对方腰部以下的部位。

（13）揪住对方后进行击打。

（14）故意将背部转向对方。

（15）对方倒地时继续击打对方。

（16）使用摔法摔对方。

（17）利用跑动的惯力击打对方。

（18）踩住对方的脚击打对方。

（19）故意倚倒在对方身上。

（20）用双臂抡动击打对方。

（21）故意下蹲或低头在对方腰部以下。

（22）用手臂推挤对方。

（23）将两臂插入对方的腋下。

（24）用两拳峰以外的关节或部位击打对方。

（25）完全遮蔽的消极抱头防守。

（26）故意倒地的行为。

（27）在比赛中对裁判员或对方出言不逊。

（28）在比赛中受教练或教练唆使的人指使。

（29）裁判员喊"分开"时，仍不分开的情况。

（30）裁判员喊"停"后，仍不停止的行为。

比赛中有许多现象和犯规行为发生，要求台上裁判员既要精通规则的条文和精神，又要熟悉拳击的技术和战术，对拳击运动有深刻的体会，只有这样，才能准确判定比赛中发生的各种现象。经过长期的临场锻炼，积累丰富的临场经验，再加上自己的努力学习和钻研，就能成为优秀的台上裁判员，从而做好台上的临场裁判工作。

台上裁判员常用的口令

"BOX"（开始）

在比赛开始时命令运动员可以开始比赛，或因为犯规等其他原因造成比赛中止后，命令运动员可以继续进行比赛。

"STOP"（停止）

在一个回合结束后命令运动员停止比赛，或在一方运动员犯规、被击倒等情况下，命令运动员停止比赛。

"BREAK"（分开）

当双方运动员相互搂抱而没有出拳，超过一定时间的情况下，命令运动员停止相互搂抱，各自向后退一步，然后继续比赛。

台上裁判员常用的手势

在拳击比赛中，由于比赛的紧张激烈和个别运动员求胜心切，经常会出现一些违反规则的行为，这些行为既影响着比赛的顺利进行，又容易造成伤害事故。拳击比赛中出现犯规行为时，由台上裁判员直接判罚。下面将介绍台上裁判员常见的判罚手势。

（1）判罚击打对方腰带以下的犯规行为时，裁判员用右手平掌（掌心向上）自腰带位置向下按，示意其击打了对方的腰带以下部位。

（2）对用膝部顶撞对方的犯规行为，裁判员抬起膝关节同时用同侧手掌轻拍膝部，示意其用膝部攻击对方。

（3）对用头部顶撞对方的犯规行为，裁判员用手指自己的前额，示意其用头部顶撞对方。

（4）对用肘关节撞击对方的犯规行为，裁判员屈肘抬平手臂，向侧后方做顶撞动作，示意其用肘关节顶撞对方。

（5）对击打后脑的犯规动作，裁判员用手掌轻拍自己的后脑，示意其击打对方后脑。

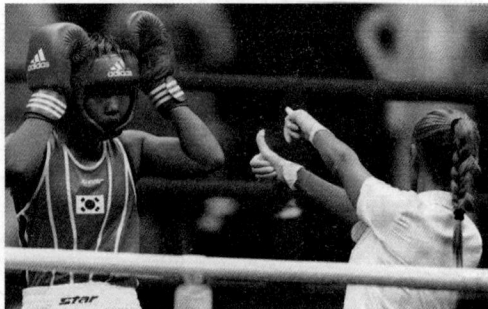
美女裁判员引人注目

（6）对击打后背的犯规行为，裁判员用手指向自己的背部，示意其击打对方的后背。

（7）对用手掌击打对方的行为，裁判员用自己的手指向另一手掌，示意其用手掌击打对方。

（8）对下潜过低的行为，裁判员用手掌（掌心向下）在自己的腹前下方向下按压，示意其下潜过低。

（9）对利用围绳反弹力进行击打的行为，裁判员背靠围绳做向前冲动作，示意其利用围绳反弹的力量攻击对方。

（10）裁判员对运动员进行警告时，一手抓住受警告运动员的手，另一手上举伸出食指示意评判员警告该运动员，并扣罚1分。

台下评判员

台下评判员的任命和参赛

奥运会和所有拳联批准的比赛，每场比赛由 5 名台下评判员进行评分，评判坐席应远离观众而紧靠拳击台。

其中 2 个评判员坐席位于拳台的一边，坐席间保持一定的间隔距离。另外 3 个坐席分别位于拳击台另外 3 边的中间。当台下评判员数量不足时，允许使用 3 名评判员，但奥运会、世锦赛和和洲际锦标赛除外。

台下评判员的职责

评判员是拳击比赛时除去台上裁判员和参加比赛的运动员，距拳击台最近的人员，评位员的位置距拳击台只有 1 米。评判员的位置之所以距拳击台非常近，是因为评判员要为台上进行比赛的双方运动员评判得分，距离近时会看得更加准确、精确。

台下评判员的任务就是严格按照拳击比赛的规则，根据台上双方运动员清晰有效的击打次数，以及近距离搏斗的具体情况，进行正确的评分，并且记录下来，最后评定出每回合、每场比赛的胜负。

评判员的评分是独立进行的，评判员评定出的每名运动员的得分对比赛起着至关重要的作用，因为拳击比赛中几乎 90% 以上的场次都是以评判员评出的分数决定胜负的，因此评判员要对评判结果负有重大的责任。

台下评判员使用国际拳联电子计分系统给双方运动员评分。在临场工作时，不得与参赛运动员、其他评判员及任何人说话和示意。如必要，可在回合结束时提醒台上裁判员注意其没有留意到的情况，如助手的犯规行为、围绳松动等。在比赛结束没有宣布前，任何台下评判员不得离开各自的坐席。

作为一名合格的拳击比赛评判员，首先要熟练掌握和合理运用比赛规则，充分领会规则的所有条文，特别是评判员的职责和任务；其次，评判员必须懂得拳击的技术和战术，特别是面对正在台上激烈比赛的竞争双方，评判员要依靠自己对规则精神的理解和掌握的拳击知识、经验，进行客观的评定。用同一标准来评判每一名运动员的临场表现，以运动员临场的客观表现为标准，评出运动员各自的得分。

评判员对拳击比赛的计分方式

（1）由5人评判小组来决定击中是否得分；

（2）电子计分系统在确保5名评判员中至少3名裁定得分时才计分；

（3）只有至少3名评判员在相互相差不到1秒的时间之内按下同一按钮，计分系统才计分；

（4）每个评判员面前有两个按钮，1个按钮代表1个选手。当评判员认为选手对对方进行1次有效击中时，可按下相应的按钮；

（5）点数通过电子系统计算。

评判员的具体工作

拳击比赛中，评判员的具体工作是，在每场比赛前领取比赛表格，拿到表格后应先检查运动员双方的名字与所站的角是否一致；比赛开始后，评判员要认真记录双方运动员每一次清晰有效的击中点数、犯规次数和倒地次数；比赛结束后，应迅速把双方运动员各自的得分计算好，写明胜方负方，交给台上裁判员。在整场比赛过程中，评判员和场上裁判员不能讲话，但在一个回合结束时，有必要的情况下可以提醒台上裁判员注意他没有留意的事情。

评判员应根据以下具体标准和方法，判定运动员的攻击是否清晰有效地击中对方。

（1）必须用拳峰（拳套上涂有白色标志部分）清楚有效地击中对方的正面、侧面、腰带以上部分。

（2）必须是对方没有防守或没有任何阻挡的情况下击中对方。

（3）近距离搏斗的连击拳中，有效分数的评定是在对打结束时，根据取得优势的程度，给占优势的运动员记1点。

有些情况既使是明显地击中对方，也不能记录点数，如用拳峰以外的任何部位击中对方；击中对方的臂部；以及击打力量不充分，只是接触性击打，没有使用身体或肩部的力量等。

评判员记录下每一名运动员的得点总数后，每一回合结束时要把运动员的得分由点数换算出来，具体的计算方法如下：该回合净胜点数。占优势者为20分，劣势者的得分为20－净胜点数/3。例如：第一回合红方运动员得点数为18，蓝方运动员的得点数为9，根据前面计算规则和方法，红方占优势为20分，蓝方运动员的得分则为20－18－9/3＝17分。要注意，如果净胜点数不是3的倍数时，可采用1/3不记分，2/3计1分的原则。例如：红方点数为15，蓝方点数为14，那么红方得分为20分，蓝方得分为20－15－14/3＝20－1/3＝20分。如果红方点数为15，蓝方点数为13，那么红方仍为20分，蓝方则为20－15－13/3＝20－2/3＝20－1＝19分。利用上述点数换算得分的方法，把双方运动员每一回合的得分记录下来，整场比赛结束时，合计3个回合的总得分，得分多者为胜方，得分少者为负方，书写清楚、准确后交给台上裁判员。注意一定要签上评判员的名字。

拳击手的助手

助手数量

每名运动员可以有两名助手，助手要遵守如下规定：只有两名助手可以登上拳击台，而仅允许其中一人进入拳击台围绳之内。

职责

比赛进行时，助手不能停留在拳击台上。每一回合比赛开始前，助手将椅子、毛巾、水桶等物品从拳击台上清理干净。

比赛过程中，助手应为运动员准备好毛巾和海绵等物品。助手应遵守国际拳联比赛规则，违反规则的，运动员应承担责任。

违规行为

如果助手犯规，将受到警告或取消助手资格。运动员也可能因助手犯规而被告诫、警告或取消比赛资格。

在比赛中，助手不得给运动员任何指导、帮助或鼓励。如果出现以上情况，将取消他们在该场比赛

拳击赛助手背负冠军

中继续履行助手职责的资格。

一旦助手被裁判员责令离开拳台，在该场比赛结束前，该助手禁止再次进入比赛场地。如果在比赛中第二次作为助手被罚出场，将取消其本次比赛担任助手的资格。

其他工作人员

记录员

记录员的职责：检查运动员的报名单；检查称量体重的表格是否齐备、正确；编排比赛次序表，经过仲裁委员会批准后向运动员教练员公布比赛次序；准备评判员所用的表格；排出个人和团体成绩的总记录表，送交仲裁委员会审查；在比赛中担任场地记录工作。

计时员

计时员的任务：计时员的位置在拳击台附近，利用记时表记录比赛的时间，同时利用锣、钟和铃声来宣布比赛开始和结束。在每一回合开始前的 5 秒钟，宣布助手退场。比赛开始后，如果台上裁判员喊"停"，计时员应及时停表或扣除停的时间，随着台上裁判员喊"开始"，继续计时。如果一方运动员被击倒在地，计时员应用手势提示台上裁判员数秒；如果在台上裁判员数秒的过程中，回合比赛时间结束，这时计时员暂不鸣锣示停，必须等台上裁判员宣布比赛继续开始时，才能鸣锣结束该回合比赛。第三回合结束时如遇到正在读秒，就不必等台上裁判员数完可随时鸣锣结束比赛。

检录员

检录员的任务：比赛前通知运动员抽签和称量体重，检查运动员必须持大会医务组的体检合格证，才能进行称量体重。检录员应有 2~3 人，其中 1 人赛前在检录处按比赛级别分组点名，检查运动员号码和背心颜色，1 人负责督促运动员到场报到，并在上场前检查运动员的护手绷带、拳套、护头、护裆是否符合规则的要求，是否穿戴齐全。

宣告员

宣告员的职责：宣布比赛的内容和次序；介绍台上裁判、台下裁判和运动员；根据仲裁委员会允许的材料，向观众介绍运动员、当天比赛情况和比赛结果。宣布比赛结果时要得到仲裁委员会主任的许可。

医生

医生的任务：首先要认真检查每一名参加比赛运动员的报名单是否经过健康检查，并在每个人的卡片上填上运动员的姓名、年龄、级别。每天在称量体重前要检查运动员的健康状况是否正常，控制带病带伤和身体不健康的人参加比赛，并向仲裁委员会提出不能参加比赛的运动员名单。检查大会的卫生条件和医药箱、急救用的救护车是否齐全。运动员被击倒地，应在医疗手册上记明，并提出应该休息多长时间的建议。

在每次称量体重时，医生都必须在场。比赛中医生不得更换，大会医生应了解拳击比赛规则，熟悉运动员的身体特点。比赛时医生应坐在离拳击台接近的地方，准备随时处理场上出现的伤害事故。

PART 9 风格流派

美洲派和欧洲派

现代拳击的技术与风格可以分为美洲、欧洲两大派。

美洲派以美国和古巴为代表，他们的选手具有充沛的体力，出拳快速、准确、有力，拳法多变，并具有"爆炸性"的连续攻击能力。最难能可贵的是，他们在高速搏斗中并不影响自身技术的发挥，而且能打出沉重有力的拳。

拥有世界第一流拳击运动员的美国、古巴等国，不仅在历届奥运会拳击比赛中获得的奖牌多，而且拳击运动普及，拥有雄厚的后备力量。美国的拳击运动，无论是业余的还是职业的，自19世纪末期以来在世界拳坛上一直占主导地位。有不少优秀拳击选手在奥运会中拿到金牌奖章后，就转入职业拳击生涯，这就造成了业余选手的频繁更新。美国拳击教练员的主要任务，始终是在选择

美洲拳击比赛

和训练新秀。古巴的拳击运动近几年来有突飞猛进的发展和提高，是很多国家都望尘莫及的。

欧洲派的各国选手在技术上虽有某些优势，但在打法上总的来说是保守的，善于长拳击打，不善于高速贴近连续击打。波兰、匈牙利等国的选手虽具有较全面的技术、战术素养，但不太适应高速条件下的搏斗。

前苏联、前民主德国、保加利亚、罗马尼亚属于欧洲风格的另一种类型，他们的选手有很好的身体素质训练，但技术、战术相对来说显得较差。

匈牙利选手拉斯洛·帕普靠他特有的反应敏捷、冷静清晰的头脑和快速灵活多变的战术，曾连续获得 1948 年、1952 年、1956 年的奥运会冠军，成为世界上第一个连获三届奥林匹克金牌的运动员，创造了世界业余拳击史上的奇迹。

欧洲拳击比赛中

非洲国家的拳击技术与风格类似美洲。非洲埃及、加纳、突尼斯、尼日利亚、肯尼亚等国的拳击选手，都曾在奥运会上取得过奖牌。

亚洲选手的特点是，动作灵活、快速、有力，并以勇猛善战、坚韧不拔著称。

PART 10 赛事组织

目前，世界上共有 5 个国际公认的职业拳击组织和 1 个国际业余拳击组织。各个职业拳击组织的比赛共设 17 个比赛级别，每个职业拳击组织都有自己的各个级别的世界冠军。

世界拳击协会

世界拳击协会（The World Boxing Association，简称 WBA），成立于 1967 年，原是在美国成立的国立拳击运动协会，以对抗纽约州体育运动委员会。它主要是一个美国机构，基本控制着整个美国的拳击比赛。这个组织宣布有其自己的世界拳击冠军，经常与世界拳击理事会发生冲突。

WBA 拳王金腰带

阿里、弗雷泽、福尔曼被称为"70 年代重量级拳坛三巨头"，是当之无愧的拳王，他们得到的金腰带都刻有 WBA 字样。

世界拳击理事会

世界拳击理事会（The World Boxing Council，简称 WBC），成立于 1963 年，总部设在墨西哥城。这个组织由美国大多数民族和国际管理团体组成，并得到了纽约州体育运动委员会的支持。同时，它联合了欧洲拳联、英国拳联、拉丁美洲拳联、美国部分州的拳协和亚洲、非洲的一些国家拳联。它更倾向为一个世界性的、更具包容性的组织。他们的大部分收入用来促进拳击运动、保护运动员及改善医疗设施。

1979 年，WBC 进行了重建，目前已经成为世界上知名度最高、实力最强的职业拳击组织。在世界职业拳击锦标赛上具有重大意义的转变事件发生在 1982 年，那就是，世界拳击理事会宣布，本组织所有的赛事，时间最长只能达到 12 个回合，而不是以前的 15 个回合。

WBC 拳王金腰带

国际拳击联合会

国际拳击联合会（The International Boxing Federation，简称IBF），成立于1983年，总部设在美国的新泽西州。IBF是一个与WBC对立的组织，这个组织成立的目的在于夺取被美国把持的颁奖权力。这个组织的前身是美国拳击协会（USBA，成立于1976年），原来两个组织并存，现在又重新合并，称IBF/USBA，冠军为两个组织所共有。IBF有一句名言："一个理想，现在是实现的时候了。"在这一思想指导下，IBF为国际拳击事业的发展作出了很大贡献。

世界拳击组织

世界拳击组织（The World Boxing Organization，简称WBO），是1988年从世界拳击理事会（WBC）中分裂出来的一个新的职业拳击组织。它的总部设在波多黎各，但冠军委员会却是在美国的佛罗里达州的迈阿密市。到目前为止，WBO已在世界上每个洲、几乎20多个国家进行过冠军赛。

世界职业拳击联合会

  世界职业拳击联合会（The World Professional Boxing Federation，简称 WPBF），历史能够追溯到最初的世界拳击联盟。1989 年，由来自美国、加拿大、墨西哥、波多黎哥、巴拿马、法国、德国、菲律宾、尼日利亚、白俄罗斯、乌克兰、肯尼亚和南非的国家代表倡议，于 1990 年，在美国维吉尼亚州正式成立。

  世界职业拳击联合会（WPBF）一个权威的非赢利性国际职业拳击运动组织。其主要职责和目标是积极制裁、监督和管理非洲、亚洲—太平洋、欧洲、拉丁美洲、北美洲地区有着类似目标的成员国家的职业拳击主管团体，维护职业拳击运动好的声誉，维护和确保世界各国职业拳手的安全和福利，执行和发布每月官方世界职业拳手排名，执行和改进国际职业拳击竞赛规则和安全保护措施，普及和推广职业拳击事业，提高世界职业拳击运动水平。

  迄今为止，WPBF 组织已经接纳和承认了全球 120 多个成员国，分别在非洲、亚洲—太平洋、欧洲、拉丁美洲、北美洲 5 大区域设立了 5 个附属的区域性（分）组织。2005 年 10 月 20 日，美国拳击委员会（USBC）正式与世界职业拳击联合会（WPBF）合并，此后该组织正式称为"世界职业拳击联合会（WPBF）＆美国拳击委员会（US-

WPBF 拳王金腰带

BC)"，这一合并得到了位于美国的拳击委员会的协会（ABC）和纽约州运动委员会的（NYSAC）权威认可和大力支持。2007年12月19日，该组织将总部从美国维吉尼亚州迁移至纽约。

国际业余拳击联合会

国际业余拳击联合会（The Association Inter nationnale de Boxe Amateur，简称 AIBA），由英、法等24个国家的拳击协会倡议，于1946年在英国伦敦成立，简称国际拳联。总部设在美国（主席所在地）。正式用语有英语、西班牙语、德语、俄语和法语。1946年11月28日在伦敦第一次代表大会上通过了国际拳联的第一部章程。

国际拳联设若干地区局：

欧洲局——包括30多个会员。总部设在柏林。所有欧洲国家拳击协会都是欧洲业余拳击联合会成员。

亚洲局——包括23个国家和地区的协会。总部设在东京。

非洲局——包括31个会员，总部设在突尼斯。

美洲局——包括29个会员。总部设在美国的克列斯蒂尔。

大洋洲局——包括近10个会员。总部设在悉尼。

国际拳联得到国际奥委会的承认。

国际拳联的任务：传播拳击运动的真正业余精神和开展各国运动员之间的友好竞赛；制订世界锦标赛和国际比赛的规程；保证国际拳联的一切比赛严守比赛规则；发展各会员之间的相互友好和尊重。

代表大会是国际拳联的最高机构，由主席、名誉主席、副主席、执委以及会员代表组成，每4年召开1次。开会时间和地点必须在会前1

年决定，并立即通知各会员。每个会员协会可派出 3 名代表参加大会，但只有 1 票表决权。

国际拳联下设若干常务委员会：

技术委员会——由 7 名执委、主席、副主席和若干委员组成。任务是：解释章程、规则、信息交流、出版、训练、器材和设备的生产等问题，向执委会提出建议。

裁判员委员会——由 5 名执委和 8 名优秀裁判员组成，任务是：任命奥运会和世界锦标赛的裁判员；在执委会的领导下，对国际拳联的候补裁判和正式裁判进行考试，研究和分析重大比赛的裁判工作等。

医务委员会——由 20 名高水平医生组成（每洲不少于 4 名）。其任务是向执委会报告运动员的身体状况，提出预防外伤的建议，组织参加奥运会和世界锦标赛的医务小组等。

财务委员会——由 5 名执委组成，其任务是监督财政收支情况，向执委会提出扩大基金的建议，向代表大会报告财政状况。

上述委员会同执委会一样，每年至少召开 1 次会议。

国际拳联章程明确规定，所有会员国权利均等，不允许任何形式的歧视。按照规定，给正式比赛的优胜者授奖时，升国旗、奏国歌。

重大赛事

国际业余拳击联合会（AIBA）的主要比赛

奥运会拳击赛、世界锦标赛、世界杯赛、区域性和洲锦标赛、世界青年锦标赛和国际邀请赛。所有比赛都按国际拳联的规则进行。成年和青年世界锦标赛每 4 年举行一届，洲锦标赛每 2 年一届。

PART 11 礼仪规范

拳击是一个激烈对抗项目，比赛中的打斗和可能产生的伤害使一些人认为拳击是一项残酷、不人道的运动。其实，稍微深入了解一下这项运动就会知道并非如此：国际业余拳联公布的统计结果表明，业余拳击的伤害率在所有项目中仅排 11 位。

而且规则的不断完善和护具的改进也使运动员的安全更有保障，比如减少 1 个回合，每回合由 3 分钟减为 2 分钟，都更符合医学要求。消除对拳击危险性的恐惧，才可以更好地欣赏拳击这门搏斗的艺术。

实际上，在正式的拳击比赛中，运动员根据严格的比赛规则，以戴上特制手套的拳头来进行攻防，目标只限于对方腰髋以上的身体部位。他们的动作潇洒自如、姿态优美，给人以艺术性的美感，所以拳击又被称做"艺术化的搏斗"。尤其是在国外，观众通常会穿着正式服装，文明观看比赛。认识到这点，我们才可能领悟到拳击运动的精髓，以积极和文明的态度观看比赛。

观看礼仪

拳击比赛是有原则的，作为观众应保护和遵守这种原则。有的观众在观赛过程中，容易融入到紧张的现场气氛中。由于对某个运动员的喜爱变得感情用事，不由自主地说出一些野蛮的加油词汇，如"踢他"、"打他"等。其实，在运动员完成一个精彩动作后，叫一声"好"并鼓掌示意就可以了。况且，这种不文明的言论还会对其他观众起到煽动作用，对整个比赛造成不良影响，这就是"随众效应"。所以，为了更好地体现拳击比赛的价值，保持良好的赛场秩序，观众应冷静、理智地对待比赛。

拳击比赛的观众席

作为奥运会比赛项目之一的拳击比赛，蕴涵着奥运精神，选手和观众都需具备平和、健康的心态。观众表达热情，要有遵守规则、尊重别人的意识，对运动员和运动队的支持毫无节制，只会扰乱赛场秩序，干扰选手情绪。文明的观众懂得尊重选手和比赛，有这样的观众，才会使拳击比赛展现得不可避免的野性成为一种魅力。专家建议，观众在观看拳击比赛的时候，最好遵守以下观赛礼仪：

（1）比赛过程中观众不能使用闪光灯给运动员拍照。

（2）不能向运动员挥舞和抛掷物品。

（3）观众要用一种平和的心态观看拳击比赛，体现高尚品德。在比赛中，可以给双方运动员加油。

（4）在一方运动员击中对手的时候，给予掌声和欢呼声。

（5）不能向失利的一方起哄或者发出嘘声、吹口哨甚至做嘲笑的不文明手势。

PART 12 明星花絮

默罕默德·阿里

默罕默德·阿里是美国男子拳击运动员。原名卡修斯·马塞勒斯·克莱。12 岁开始练拳击。1959、1960 年两次获金手套大赛冠军。

1960 年在第十七届奥运会上获轻量级金牌。此后加入职业选手行列。1964 年获重量级世界冠军。1967 年因拒绝应征入伍，被判处 5 年徒刑。后虽经保释，但仍被吊销

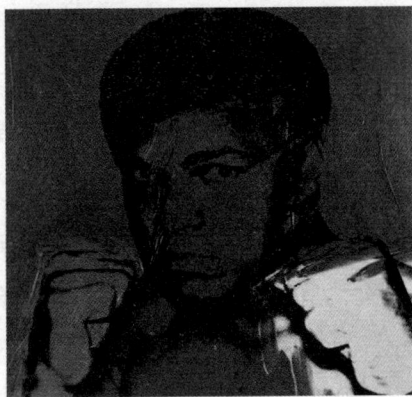

世界拳王默罕默德·阿里

拳击执照直至 1970 年。1974 年再获世界冠军。1978 年第三次获世界重量级拳击冠军，不久宣布退役。1980 年重返拳坛。

拳王阿里

阿里拳法多变，步伐灵活，出拳快速有力，体力充沛，动作协调。在阿里的职业拳击生涯中，共进行 60 场比赛，胜 56 场。其中 37 场将

对手击倒在地，输的 4 场中有 3 场是以点数少而负于对方。

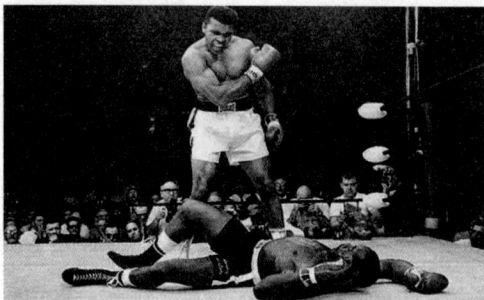

阿里击倒对手

1942 年 1 月 17 号，美国肯塔基州的路易斯维尔，一代拳王卡修斯·马塞勒斯·克莱，也就是后来的穆罕默德·阿里出生在这里。和当时美国其他各州的情况一样，种族隔离也是肯塔基人民生活的一部分。这里有他们不允许进入专为白人开设的餐馆。尽管很多人为此游行抗议，但这实际上，还是被大多数人所接受了。

阿里就是在这种环境中长大的，而阿里从小就希望，能用自己的力量来改变这一切。对此，他的母亲一直记忆犹新。阿里的母亲奥德萨·克莱说："他曾经是个快乐的小男孩，总是跑来跑去地干着什么，很愉快。他一直喜欢、也一直要和别人打斗。他开始参加拳击运动的时候总是对我说，早晚他会把奥林匹克运动会的金牌拿回来，他做到了。还有一次，是他在 4 岁的时候，他曾经对我说，总有一天，他要成为世界冠军，是的，他也做到了。"

从 12 岁开始，阿里就在当地的一家健身房练习拳击。阿里的启蒙教练乔·马丁说："就在下面的这栋楼上的体育馆里，每年这个地区的黑市商人都要在那聚一次，展示他们的服装和各式各样的商品，当然还有一些气球、糖果之类小孩子们喜欢的东西。那年他 12 岁，骑着一辆自行车来的，但他买气球或糖果什么的时候，有人偷了他的自行车。他的心情很不好，说是要找警察，有人告诉他下面就有警察，他就直奔下楼去了。他说他原来不知道体育馆在这儿，看一下才行，还说要是找到偷自行车的人，就要拿鞭子抽他。我对他说'你不如先学会打拳'，他说'我愿意学',我说'你可以从今天晚上或者明天晚上开始'。第二天天一黑他就来了,他很少不来,每次我到的时候他就已经来了,我走了以后他还在这儿练。"

1960年年初,刚满18岁的阿里开始参加业余拳击比赛。已经接受过6年训练的阿里刚一出道就让人们眼前一亮。阿里的启蒙教练说:"我还记得他做过一些可笑的事情,那是一次他和芝加哥的重量级拳击冠军带金拳套的拳击手比赛。我们到了那儿,因为他是第一次出台,要称重量。那人是冠军先称,然后是他。他站在秤台上转向我问道:'马丁先生今天晚上你急着到哪儿去吗?'我不明白他是什么意思,我说:'没有啊!还没有定,为什么?'他说:'我想要是你急着去哪儿,我就在第一个回合把这家伙打倒,你就可以早些走了。'"

果然,在比赛中,对方根本就不是阿里的对手。在第一回合即将结束时,阿里连续用重拳将对手击倒,提前结束了比赛,也实现了他在赛前向教练夸下的海口。

凭借优异的表现,18岁的阿里成为美国代表队的成员,出征1960年的罗马奥运会。在81公斤级的比赛中,阿里三战全胜,顺利进入决赛。他的对手波兰人皮埃茨克斯基,是三届欧洲冠军和1956年奥运会的铜牌得主。

阿里在场上的精湛技艺令人叹服,有人形容他的出拳,像蜜蜂刺人一样的犀利,而他脚下的步法,又像飞舞的蝴蝶一样轻盈、灵活。年轻的阿里不仅在场上表现突出,在生活中他也非常活跃。在奥运村里,他向每个人问好,还和大家开各种玩笑,成了那里知名度最高的运动员。

三个回合下来,阿里以点数的优势战胜对手,获得了自己唯一的一枚奥运会金牌。而他独创的步法,也被人们形象地称为蝴蝶步。

回国后的阿里,从机场开始,就感受到了人们的热情。一时之间,他也成了美国人追捧的对象。眼前的荣誉,让阿里误以为,他已经用胜利改变了人们对有色人种的偏见，但依然残酷的现实，打碎了他的梦想。阿里的弟弟说："1960 年穆罕默德·阿里从奥林匹克运动会回来，他在罗马赢得了奥林匹克金牌。在他回国的那些日子，还没有施行取消种族隔离政策。他把金牌挂在脖子上到闹市区的一家饭店吃饭，但是没有人给他服务。他说：'我是冠军！我是金牌得主！'得到的回答是：'我们才不管你是谁呢！'"

愤怒的阿里将自己的金牌扔进了大海，他说，我再也不愿意为这样的国家效力了。

受到众人仰望的阿里

1960 年 10 月 29 号，对阿里来说是一个新的开始。这一天，他参加了自己的第一场职业比赛，并获得了胜利。在接下来的一年多时间里，阿里几乎取得了全胜，其中有 7 次，是直接将对手击倒在地而取胜的。

通过一场一场的胜利，到了 1964 年，22 岁的阿里，终于赢得了争夺重量级拳王称号的机会。而这也是他参加的第一场拳王争霸赛。1964 年 2 月 25 号，阿里在迈阿密轻取利斯顿，成为新一代拳王，从此，职业拳击进入了阿里时代。

阿里职业生涯中有一段有趣的小插曲：20 世纪 70 年代的一场拳击赛中，拳王阿里和拳坛猛将弗雷泽展开激烈对决。当比赛进行到第 14 回合时，阿里已筋疲力竭，濒临崩溃的边缘，用解说员的话说，"这个时候一片羽毛落在他身上也能让他轰然倒地。"然而，此时的阿里竭力保持着坚毅的表情和血战到底的气势，使弗雷泽认为阿里仍保持着常有的体力，于是在最后一刻，弗雷泽放弃了。裁判当即高举阿里的臂膀，宣布阿里获胜。这时，保住了拳王称号的阿里还未走到台中央，眼前一黑，双腿无力地跪倒在地上。弗雷泽见此情景后悔莫及。

迈克·泰森

迈克·泰森（Michael Gerard Tyson，1966 年 6 月 30 日—），生于美国纽约市，曾是一位职业拳击手，曾获世界重量级冠军，被认为是世界上最好的重量级拳击手之一。

在其全盛时期，他以毁灭性的力量多次击败了著名的对手，一度是最具威胁性的拳击手之一。但其事业前途却因个人问题、缺乏训练、两次收押而中断。在监狱中的他曾企图恢复职业生涯，但在与知名对手的比赛中却没有获胜。2005 年 6 月 11 日，泰森与学徒拳击手凯文·麦克布莱德打

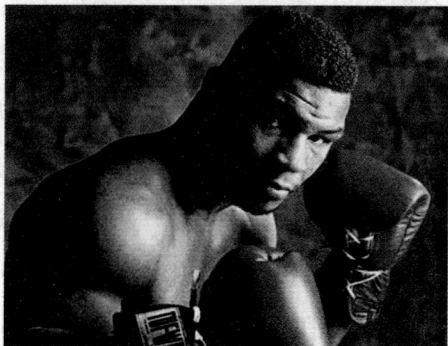

拳王泰森

了最后一场比赛，但亦以失败收场，因此决定永远从拳坛退休。

"泰森时代"

泰森出生在纽约市，年轻时进过少年拘留中心，因此被高中开除。后来迪亚文图看到了泰森的潜力，然后对他进行训练。迪亚文图扮演着亦师亦父的角色，但却在 1985 年去世。不少人推测，若迪亚文图能长寿一些，泰森或许就不会出现后来才有的个人与拳击上的问题。

1986 年 11 月 23 日，迈克·泰森 2 回合击倒伯比克，夺得 WBC 拳王，首次获得世界重量级拳王称号，成为拳击史上最年轻的世界重量级拳王。他又降服詹姆斯·史密斯和托尼·塔克，成为 WBC、WBA 和 IBF 三大拳击组织公认的世界重量级冠军，此后又击败了斯平克斯、霍姆斯、塔布斯、布鲁诺等著名拳王。他在 9 次卫冕成功后，于 1990 年 2 月 11 日在大热情况下被挑战者詹姆斯·道格拉斯击倒，爆出了拳击史上的大冷门。

由于他生活放荡不羁，很大程度上影响了他的拳击生涯。1991 年，他因强奸美国黑人小姐德西蕾·华盛顿而被判入狱。1995 年，获假释的泰森重返拳坛，并于 1996 年 3 月 16 日打败英国人弗兰克·布鲁诺，夺回 WBC 重量级冠军金腰带。同年 9 月 7 日，109 秒再克布鲁斯·塞尔登，又登上 WBA 王座。为了同伊万德·霍利菲尔德比赛，泰森先是放弃了 WBC 的王位，然后又在 1996 年 11 月 9 日被霍利菲尔德打败，又丢掉 WBA 王座，爆出拳击史上的又一个冷门。

1997 年 6 月 28 日，泰森在向霍利菲尔德 WBA 冠军挑战时，因不满对方屡次搂抱和头撞，而两次怒咬对手的耳朵，被美国内华达州运动委员会吊销了拳赛执照并罚款 300 万美元。泰森为了还债重返拳台，2005 年 6 月份，与对手凯文·麦克布莱德在华盛顿进行的一场比赛中，麦克布莱德左眼角被泰森撞开了一道口子。裁判判泰森违例，扣了他两分，麦克布莱德则被激发了斗志，连续的攻击让泰森完全抬不起头来，第 6 回合打败泰森。泰森坐在长椅上冷静了很久，表情显得屈辱无奈，随后，泰森于 6 月 12 日正式宣布退出拳台，结束了整整 20 年的拳击生涯。

泰森的"撒手锏"是连续快速的组合拳——左勾拳和右手重拳，一般来说都是 KO（击倒）率极高的。而他在拳坛上形成的强大威慑力，又成为他的另一件重武器。他创造了属于自己的"泰森时代"和一个又一个的奇迹。在泰森的 20 年拳坛生涯里（1985—2005 年），1986 年至 1996 年这 10 年无疑是泰森时代的鼎峰时期。

迈克·泰森给拳击带来的影响是空前绝后的。流星般的横空出世，立刻让之前

泰森与霍利菲尔德比赛中

的诸多以重拳凶狠著称的重炮手黯然失色。无论是嗜血成性的一代"魔王"索尼·利斯顿，还是永远只知道埋头出拳的"大猩猩"乔·弗雷泽，甚至就连强横无比的"魔鬼"乔治·福尔曼，这些与泰森风格相似（实际应该说是泰森与之相似才对）的老前辈们，在迈克风光无限的流金岁月里，似乎统统被人们无情地遗忘了。

舒格·雷·罗宾逊

进入"文明时代"以来，真正纯粹的拳王似乎只有一个，乔·路易斯说他是最完美的斗士；阿里说他是自己的偶像；泰森把他看作自己的精神导师；伦纳德则索性直接以他的名字为自己命名——他就是"拳击圣人"舒格·雷·罗宾逊。

"拳击圣人"

1920 年 5 月 3 日，罗宾逊生于美国密西西比州的底特律市。他出生时的名字叫沃克·史密斯。12 岁那一年，罗宾逊随母亲迁居哈莱姆市，他们的生活一度贫苦不堪。大萧条时期，小罗宾逊不得不每天跳着踢踏

舒格·雷·罗宾逊

舞沿街乞讨，借此赚几个小钱贴补家用。

为了生存，他从 15 岁就开始参加拳击比赛，把拳击当成了谋生的手段。由于他当时从未进行过真正系统的拳击训练，也没有俱乐部会员的参赛卡，所以只能向一位叫作"雷·罗宾逊"的朋友借来一张会员卡冒名参赛。那时候，参加业余拳赛的奖金极其微薄，最多几十美元，少则十几美元，甚至可能没有奖金，只颁发一些所谓的奖品。罗宾逊在这样的条件下至少打了 60 场比赛。后来罗宾逊有了一点小名气，拳迷们也已经完全认可了这个名字和他的面孔，于是他只好干脆用这个名字注册了自己的第一张参赛卡。不想这一用就是一生。直到他逝世，连墓碑上刻的都是"舒格·雷·罗宾逊"。

罗宾逊成名后曾回忆过那段艰难时世的感受，他说："我生来就是斗士，战斗是我生命的全部。就算不给钱我也会去打拳，因为当我一旦投入到拳击运动中以后，任何生活的苦难都已经不足以使我屈服。"

1940 年，罗宾逊顶着羽量级金手套冠军的头衔步入职业拳坛。转为职业拳手后，他几乎每个月都有比赛，有时一个月就要打两三场。拳击真的成了他生命的全部。

1943 年 2 月 5 日，保持 40 场不败战绩的罗宾逊与他一生中最大的宿敌杰克·拉·莫塔相遇了。两个人当时还都不是拳王，但是他们之间的对垒，已经是当时拳坛的重要赛事。这场比赛打满了 15 个回合，结果罗宾逊不幸以点数败在"褐色公牛"莫塔的拳下。可是令人惊讶的是，仅仅相隔21天，罗宾逊就在与莫塔的第二次交战中击倒对手，捍卫了自己的荣誉。

在罗宾逊的拳击生涯中，他每一次都是不屈不挠，总结经验，制定具有针对性的战术，再战必胜。

到1946年时，罗宾逊已经是次中量级的拳王，声名与日俱增，身价动辄数十万美金。在这种情况下，他非但没有安于现状，反而常常主动出击，专门找实力雄厚的知名拳手对决，体现了一个拳王非凡的气魄和无与伦比的敬业精神。

1947年6月24日，是一个令罗宾逊终生难忘的日子。这一天，他在第8回合的一连串重击，导致挑战者吉米·道伊尔脑颅严重受损，比赛结束后不久便悲惨地离开了人世。在事故调查的过程中，罗宾逊被频繁地问到是否故意使对手受伤。他毫不避讳，每一次都诚实地回答："我所从事的职业，就是要使对手受伤，但是我绝没想过要夺走他的生命。"罗宾逊就是这样坦率，他从来不会掩饰自己的缺点和错误。

1951年2月14日，罗宾逊第三次与莫塔相遇。这一次他是以挑战者的身份与莫塔争夺世界中量级拳王头衔。在前4个回合，双方猛烈对攻，互有胜负。第5回合，罗宾逊眼眶挂彩，嘴角也被莫塔的重拳撕开一道血口，一度十分狼狈。莫塔乘胜猛攻，罗宾逊几次险些被击出拳台。直到第10回合，罗宾逊才恢复了正常状态，开始频频施以重拳反击。莫塔一时被罗宾逊的反击打昏了头，顿时节奏大乱，结果双眼被罗宾逊的重拳击伤，迅速肿胀起来。从第11回合开始，罗宾

比赛中的舒格·雷·罗宾逊

逊转为主动，打得莫塔毫无还手之力。比赛进行到第 13 回合的时候，莫塔已经失去抵抗能力，完全是在凭着意志支撑。罗宾逊可能不想让这位值得尊重的对手"死的太难看"，于是以一连串迅猛的集中攻击结束了比赛。这是罗宾逊第一次在中量级称雄，似乎也是莫塔的最后一战。

为了追求更加完美的拳击境界，从 1950 年起到 1964 年间，罗宾逊曾先后 5 次远征欧洲。他分别与欧洲各地的几十位拳坛高手角逐，在与欧洲诸强的比赛中战无不胜、所向披靡，终于实现了征服整个世界的宏愿。

1965 年，已经 45 岁的罗宾逊告别拳坛。他在职业拳坛上奋战了 25 个春秋，一共打了 202 场职业赛，战绩为 174 胜 6 平 19 负，其中 109 次击倒胜，另有 3 场比赛因故无结果。

如果加上业余拳赛和许多非正式的拳击角斗，他一生至少参加了 300 场以上的拳击比赛，差不多在拳台上活跃了 30 年。最令人惊讶的是，在如此漫长的拳击生涯中，他竟然从来没有因为被对手击倒而告负。这实在是一个奇迹。

退役后的罗宾逊致力于慈善事业，他拿出 500 万美元的积蓄，创立了一项社会福利基金。他还出资修建了专为贫穷的黑人孩子服务的拳击俱乐部。在他的有生之年，他始终都在为改善贫穷黑人的生活而奔忙，同时也为拳击运动的发展而殚精竭虑。

1989 年 4 月 12 日，罗宾逊因病逝世于洛山矶，至少 10 万人为他送行。他为拳击运动所作的一切，使他在拳击史上占有无与伦比的崇高地位。只要这个世界上还有拳击，罗宾逊的名字就不会被人们遗忘——他与拳击同在。

洛奇·马西亚诺

洛奇·马西亚诺，美国拳击运动员。生于马萨诸塞州布罗克顿。出拳凶猛，耐力强。1947 年 3 月起成为职业运动员。1952 年击败了乔·沃尔科特获最重量级世界冠军，并保持到 1956 年退出比赛为止。

不败的拳击人生

洛奇·马西亚诺，1923 年 9 月 1 日生于美国东北部地区马萨诸塞州的东部城市布罗克顿。这个不足 10 万人的城市，距波士顿 32 公里，是美国古老的制鞋工业中心之一，鞋和制鞋机器是这个小城市的支柱产业。洛奇·马西亚诺的父亲就是城里的鞋匠。小洛奇在成长过程中，受到了极好的拳击正规训练。他所在的马萨诸塞州、康涅狄格州等 6 州统称为新英格兰。300 多年前，英国船长史密斯为这一地区命名新英格兰后，英国移民大量流入。英国是现代拳击发祥地，英国移民涌入的同时，为这个地区带来了拳击运动，拳击成了新英格兰人最热衷的体育运动。高水平的拳赛、拳手的高额收入、拳手的荣誉，成了新英格兰人热衷的话题。

洛奇·马西亚诺

由于环境的影响，洛奇·马西亚诺很小的时候就喜欢上了拳击运动，再加上当鞋匠的父亲经常带他去看拳赛，所以，他从小立志长大后要当一名拳王。他心目中的真正英雄是19世纪末最伟大的拳击手萨利文，他们俩不仅是同乡，而且技术风格也颇相似。洛奇·马西亚诺的直拳，毫不拖泥带水，准确而迅速。优秀的直拳技术，使洛奇·马西亚诺赢得越来越多的胜利，被誉为"布罗克顿的巨人"。

洛奇·马西亚诺一记重拳击倒对手

1951年10月26日，纽约拳击馆沸腾了——拳迷们由于比赛结果出人意料而受到震动，久久平息不下来。有人欣喜若狂，有人沮丧地叫骂，口哨声夹杂其中，摄影记者的闪光灯和采访话筒一起对准了拳坛新秀——洛奇·马西亚诺。他在第8回合里，击倒了乔·路易斯。乔·路易斯是当代最伟大的黑人拳击手，他自二十世纪三十年代末登上拳坛重量级宝座以来，称雄近12年，数十次卫冕成功。乔·路易斯还是世界公认的反种族主义的战士。第二次世界大战期间，为支持反法西斯战争，他把拳赛收入的大部分捐给了美国海军，因而赢得了拳坛内外的广泛热爱，几个世界性拳击组织授予他最高拳击荣誉，使其成了拳坛无可争议的明星。洛奇·马西亚诺此次胜利出人意料，将人们的视线锁定在了这个拳击界的新秀身上。

洛奇·马西亚诺是迄今拳击赛场上唯一直到退休仍然没有败绩的拳手。他的成绩是49胜0负，43次将对方击倒在地。1952年，他的右手拳击倒了瓦拉科特堪称拳击界的杰作，马西亚诺曾6次卫冕冠军成功。

弗拉基米尔·克利钦科

弗拉基米尔·克利钦科出生于哈萨克斯坦的塞米帕拉廷斯克。

钢锤博士

弗拉基米尔·克利钦科的重拳杀伤力巨大，因此得了个绰号"钢锤博士"。1998年，2回合击倒史蒂夫·潘内尔，1999年，8回合击倒德国名将舒尔茨，2000年3月，1回合击倒奥运会上的老对手银牌得主沃尔夫格兰姆，4月，2回合击倒大卫·波斯迪斯，2000年，7回合击倒"双枪将"巴雷特，2000年10月14日，击败伯德，当时24岁的弗拉基米尔·克利钦科成为WBO重量级拳王。之后，在拳王卫冕赛上又先后击倒了德里克·杰斐

维塔利·克利钦科和弗拉基米尔·克利钦科

逊、查尔斯·舒福德、弗朗索瓦·博萨、雷·莫塞尔、贾米尔·麦克林内等一批挑战者，其凶猛的出拳，精湛的技术，赢得了世界亿万拳迷的赞赏。然而2003年3月，有着"南非警察"之称的桑德斯仅用2回合击倒了克利钦科，将其WBO拳王宝座占为己有。

这一战不禁让广大拳迷大跌眼镜。2004年，克利钦科又输了一场比赛，这次是在第5回合输给了拉蒙·布雷维斯特。虽然之前他占有明显的优势，并将布雷维斯特击倒了一次，可最终却被布雷维斯特翻盘。

人们对他的抗击打能力产生了极大的怀疑。

2005年的美国大西洋城，弗拉基米尔·克利钦科12回合点数打败了此前保持24场全胜纪录的"尼日利亚噩梦"皮特，但12回合的比赛被皮特打倒了三次。虽然结果是胜了这场关键的比赛，但过程不够令人信服。

2006年，弗拉基米尔·克利钦科7回合击倒了急于复仇的老对手"快火"克里斯·伯德，夺得IBF重量级拳王头衔，再一次跻身于重量级拳王行列，并在光棍节那天7回合击倒了赛前29场不败的美国拳手卡尔文·布罗克，成功卫冕。IBF拳击组织也因此把他评为该组织的年度最佳拳王。在吸取了以前失败的教训，也随着时间的增长，磨练中成长的克利钦科综合实力已得到了很大的提高。2007年3月，2回合就结果了雷·奥斯汀，在和布雷维斯特的重赛中，6回合取得胜利。

2008年，克利钦科12回合点数打败了WBO重量级拳王苏丹·伊布拉吉莫夫，也终结了伊布拉吉莫夫23场不败的显赫战绩，克利钦科赢得了21世纪的首场重量级拳王统一战。2008年7月，击倒了"老虎"汤普森和"岩石"拉曼，2009年，9回合击倒了26场不败的WBA前拳王著名的乌兹别克人查加耶夫，赛后，权威的拳击杂志总编辑科林斯向克利钦科授予了该杂志的重量级拳王金腰带。2010年3月，12回合击倒了"快人"钱伯斯，9月和皮特的第二次交战中以10回合击倒胜出。

虽然有过失败，但纵观职业拳坛的历史，众多的重量级拳王中能保持着不败只有一位叫洛奇·马西亚诺的拳王。但克利钦科所取得的成就也已无愧于重量级优秀拳王的称号。而克利钦科的比赛上座率也高得惊人，例如在德国杜塞尔多夫体育场和钱伯斯的比赛，现场上座率超过了51000多名观众。在德国盖尔森基兴的沙尔克04足球队主体育场和查加耶夫的比赛时，现场上座率有61000名观众。而自20世纪70年代末职业拳击从"推广人时代"进入"有线付费电视"时代以来，一场职业拳赛能够吸引如此众多观众莅临，实在是难以想象。

2011 年 7 月 2 日，"钢锤博士"弗拉基米尔·克利钦科在和 WBA 重量级拳王海耶的统一战中，以点数优势获胜，自赢得了海耶的 WBA 金腰带后，弗拉基米尔成为集 WBO/IBF/IBO/WBA 金腰带于一身的世界重量级拳王。WBA 封弗拉基米尔·克利钦科为超级拳王。

2012 年 3 月 3 日在德国杜塞尔多夫，弗拉基米尔·克利钦科 4 回合击倒了法国挑战者莫梅克，这是弗拉基米尔职业生涯中第 50 次击倒对手，同时他也将获胜场数增加到了 57 场。赛后，获胜的克利钦科在接受采访时说道："我很高兴能够获得胜利，我知道这是我第 50 次击倒对手，我为这个数字感到骄傲！"

2012 年 7 月 7 日，弗拉基米尔·克利钦科在瑞士伯尔尼再次用重拳捍卫自己的荣誉，6 回合将美国挑战者汤普森击倒，卫冕成功。这场卫冕赛是继 2008 年弗拉基米尔·克利钦科在第 11 回合将汤普森击倒后，双方进行的二次争霸，汤普森尽管在过去 3 年多时间内保持 5 战连胜，并且全部击倒对手。赛前，汤普森和他的教练亨特曾表示，他们已经汲取了 2008 年输给克利钦科的教训，进行了有针对性的训练，并制定有将卫冕冠军击倒的战术。但比赛开始后，汤普森干扰对手的战术只持续了两回合。第 3 回合开始，随着克利钦科重拳进攻频率加快，汤普森逐渐处于招架的地步。第 5 回合，克利钦科将汤普森封堵在拳台一角后，连续三记重拳将其击倒。第 6 回合他再次用凶狠的重拳将已经失去斗志的汤普森击倒，失去了继续比赛的能力，裁判马上终止比赛，宣布弗拉基米尔·克利钦科成功卫冕了四大拳击组织（WBO/IBF/IBO/WBA 超级）重量级拳王头衔。

2013 年 5 月 4 日，28 岁的意大利拳击手皮亚内塔在德国曼海姆挑战拳王弗拉基米尔·克利钦科。皮亚内塔身高 1.96 米，职业战绩 28 胜

1 平，15 次 KO 对手，绰号"不败拳王"。左撇子拳手的他曾经还在克利钦科的拳击训练营中当过陪练，因此对克利钦科的优势劣势了如指掌。比赛开始后，克利钦科很快就占据优势，在第 4 第 5 回合分别将皮亚内塔击倒一次，虽然皮亚内塔尝试了所有可以的反击，但克利钦科没有给他任何可乘之机。在第 6 回合频频重击下皮亚内塔又被击倒在地，主裁判读秒后终止了比赛。全世界 150 多个国家直播下见证了 37 岁的弗拉基米尔·克利钦科又一次成功卫冕。

亨利·阿姆斯特朗

阿姆斯特朗是世界上唯一一个同时保持三个不同级别世界冠军的拳手。从 1937 年到 1939 年，阿姆斯特朗成为了最轻量级、轻量级和次中量级三个级别冠军。阿姆斯特朗风格独特，速度极快，一轮比赛中他平均出拳 100 多次。

为此，拳迷给阿姆斯特朗创造了一个非常动听的绰号："龙卷风"。在 150 场比赛中，阿姆斯特朗 100 次将对方击倒在地。这在轻量级选手当中不多见。为此，阿姆斯特朗在拳击名人堂中占据了一席之地。

亨利·阿姆斯特朗

"龙卷风"阿姆斯特朗

在比赛当中，阿姆斯特朗通过压迫式的打法和毁灭性的重拳使对手缴械投降，就好比一辆高速行使的列车从身上碾过一样恐怖，尽管他隶属于小级别的范畴，但他却拥有着无穷的力量与勇气。

1912 年 12 月 12 日，原名亨利·杰克逊的亨利·阿姆斯特朗出生在密西西比的哥伦布市，是家中第 11 个孩子，由于家庭原因，亨利从小在圣·路易斯市长大，后来接触到了拳击。业余时期，由于他的名字和特有的拳击风格，许多人称呼他为"旋律·杰克逊"。1931 年 7 月 27 日，不满 19 岁的杰克逊赢来了个人第一场职业比赛，令人惋惜的是，仅不到 3 回合便被一个名不见经传的对手 KO，接着在第 2 场比赛里，通过 6 回合苦战才点数获胜，此后，杰克逊迁往洛杉矶并重新回归业余比赛的轨迹。当时，杰克逊认识一位叫做哈里·阿姆斯特朗的朋友，为了扫去职业生涯的霉运，杰克逊将其好友的姓氏"借来"，从此更名为亨利·阿姆斯特朗。

1932 年奥运会拳击比赛中，亨利·阿姆斯特朗以微弱的点数输给了约翰尼·西内斯，不久后，亨利便决心在职业拳坛里重燃战火，直到 1934 年，阿姆斯特朗已成为一位颇具竞争力的羽量级拳手，只是由于对手的实力较弱而无法使其得到显著的提升。

一个普通的夜晚，阿姆斯特朗参加了在好莱坞举行的每周拳赛，当晚的比赛进行得很平淡，只有阿姆斯特朗的比赛是个例外：他在那天的比赛里表现得很抢眼，漂亮地 KO 了对手结束比赛。

在众多到场观看的名流当中，鲁宾·基勒与艾尔·乔布森相中了这个黑人小伙子，于是将其介绍给了他们的朋友、著名拳赛推广人——艾迪·米德，从此，亨利的拳击事业逐渐走上正轨。1937 年是阿姆斯特朗"大丰收"之年，在这一年中，阿姆斯特朗共参加了 27 场比赛，不仅全部获胜，还是以全部 KO 的方式拿下比赛，这个惊人的数字排在拳击历史最佳记录的第 10 位。在此期间，已成为新羽量级拳王的亨利与米德根本不在意对手的体重，无论他们的种族还是级别，他们毫不犹豫地接受了每个对手的挑战书，尽管有些人是轻量级甚至次中量级的。

阿姆斯特朗在赛场上

虽然亨利的表现如此出色，但由于乔·路易斯在同年成为新的世界重量级拳王，阿姆斯特朗的光芒被其掩盖。

在他的脑海中，有一件事使他记忆犹新：一次会见中，他与米德、乔布森及一位投资者乔治·拉夫特聚在一起，拉夫特直言不讳地说："乔·路易斯将把所有的东西都带走，包括我和所有拳手身上的一切，因为每个人都省钱去看他的比赛。"

在深刻地意识到乔·路易斯几乎垄断拳坛的局面时，阿姆斯特朗的推广人开始想出一些醒目的标语来宣传麾下的金牌选手，比如"巨大的"、"惊人的"、"超乎寻常的"等等。随着阿姆斯特朗在级别的统治地位逐渐稳固，他与米德试图寻求更高级别的挑战，他与轻量级、次中量级的拳手对阵，并取得 14 连胜的不俗成绩，接着米德与亨利的目标只有一个：打败当时的次中量级霸主——巴尼·罗斯。1938 年 8 月 17 日，阿姆斯特朗以 15 回合点数击败了罗斯，从强壮的对手腰间夺走了次中量级拳王金腰带。

当次中量级头衔已成为他的"收藏品"时，野心勃勃的亨利想要赢得更多的头衔，于是又向轻量级拳王——阿姆贝斯发出挑战，并再次获得成功，值得敬佩的是为了避免比赛被终止，比赛最后的 6 个回合，阿姆斯特朗居然将自己的鲜血吞下！这场历史上经典的轻量级拳赛，其惨烈程度可见一斑。

在仅仅9个多月的时间里，阿姆斯特朗便创造了空前的记录——实现"拳坛帽子戏法"，成为三个不同级别的世界冠军，并且同时占有，这项记录迄今无人撼动。阿姆斯特朗从未卫冕过羽量级的王位，在随后的2年里，他成功卫冕次中量级18次，其中1939年10月就打了5场卫冕战！

1939年夏季，在轻量级第一场卫冕战中，不敌复出的老对手阿姆贝斯，1940年3月，28岁的亨利再次做出一个大胆的尝试，那就是挑战时任中量级拳王——塞菲里奥·加西亚，在普遍不被业内人士看好的情况下，阿姆斯特朗却打得非常出色，最终以10回合平局告终，尽管赛后统计显示他的击中次数领先于对手。

同年10月4日，这位喜忧参半的卫冕者15个回合点数输给了挑战者弗里杰·兹维克，丢掉了次中量级的王位，失去了对次中量级的统治权。不甘心的阿姆斯特朗在次年1月，与对手进行了第二次比赛，可惜这次他依然以失利而结束（第12回合被击倒告负），其多年建立的王朝彻底倒塌。虽然这位拳台战士在随后的几年继续打拳，但再也没有得到与拳王较量的机会。1945年，33岁的阿姆斯特朗无奈地宣布封拳。在其长达14年的职业生涯中，曾面对17位世界拳王并击败了其中的15位，这样的成绩无论是胜率还是含金量，在整个拳击历史上都勘称凤毛麟角，1990年阿姆斯特朗被选入"国际拳击名人堂"。

假如让拳击历史学者评选出历史上5位最优秀的轻量级或者次中量级拳手，那个充满激情与斗志、永远不知疲倦的"拳台永动机"——亨利·阿姆斯特朗一定位列其中。

乔·路易斯

乔·路易斯，作为一位重量级拳台霸主，称霸时间之长令任何一位重量级拳王都望尘莫及；退役后，许多体育作家都把他说成是一位对他的消除种族歧视做出过杰出贡献的人；为取消种族歧视对体育的封锁，他所做的努力和贡献比任何人都大，在他的影响下，现在黑人已冲破种族的界限，在职业棒球、美式足球和篮球、拳击等体育项目上占有优势；他是一名不折不扣的黑人英雄，他的重拳独步天下。

乔·路易斯

"黑人拳王" 路易斯

1914 年 5 月 13 日，乔·路易斯出生在美国亚拉巴马州莱弗耶特附近的一个农场家庭，乔·路易斯小时候的名字叫乔伊·巴罗斯。小时候乔伊·巴罗斯因为喜欢小提琴成了同学嘲弄的对象，同学们给乔伊取外号叫"娘娘腔"。一天乔伊实在忍无可忍，用小提琴狠狠砸向取笑他的家伙。一片混乱中，只听"咔嚓"一声，小提琴裂成两半儿——这可是妈妈节衣缩食给他买的。泪水在乔伊的眼眶里打转，周围的人一哄而散，边跑边叫："娘娘腔，拨琴弦的小姑娘……"只有一个同学既没跑，也没笑，他叫瑟斯顿·麦金尼。

瑟斯顿长得比同龄人高大魁梧，还在上学时就已经是底特律"金手套大赛"的卫冕冠军了。"你要想办法长出些肌肉来，这样他们才不敢欺负你。"他对沮丧的乔伊说。当时的瑟斯顿也许不知道，他这句话不但改变了乔伊的一生，甚至影响了美国一代人的观念。虽然日后瑟斯顿在拳坛没取得什么惊人的成就，但因为他曾经对乔伊说的这句话，他的名字被载入拳击史册。

随后，瑟斯顿带乔伊去体育馆练拳击。开始几天，瑟斯顿只教了乔伊几个简单的动作，让他反复练习。一个礼拜快结束时，瑟斯顿让乔伊到拳击台上来，试着跟他对打。没想到，才第三个回合，乔伊一个简单的直拳就把"金手套"瑟斯顿击倒了。爬起来后，瑟斯顿的第一句话就是："小子，把你的琴扔了！"

不久乔伊开始参加比赛，渐渐崭露头角。为了不让妈妈为他担心，乔伊悄悄把名字从"乔伊·巴罗斯"改成了"乔·路易斯"，以致于后来他的妈妈巴罗斯太太也一直不知道人们说的那个黑人英雄就是自己的儿子。

尽管路易斯的身材并不高大，但他行云流水般的左右手组合拳却威力无比，超人的出拳速度、令人恐怖的力量、精确的出拳，这些惊人的完美结合就构成了乔·路易斯的拳风，赢得了"褐色轰炸机"的美誉。正是那些惊人爆发力的展现，才使观众的眼球集中到拳击这项运动中来，而乔的比赛经常是仅用一拳就将对手击倒不起，仿佛他的拳头里塞满了炸药。

金·莱文斯基在与乔的比赛中，第一回合就朝向裁判企求终止比赛；里·拉玛基，被乔的一记左勾拳击倒后失去知觉；阿特·西克斯被乔的一记右手直拳击倒后30分钟才站起；鲍林诺·乌兹库顿的几颗牙被乔的一记右手拳打掉，当他在更衣室的长椅上起来后，身体瘫软又倒了下去……路易斯是一位伟大的终结者，一旦发现对手受伤，他将绝不会错过这样的良机。

他恐怖的眼神会使每个对手胆寒，当对手在拳台上看到他有这种表情出现时，他们很可能会从拳台内跳出来。使乔如此强大的是他精准的出拳以及频繁的轰炸，他每次都会扔下一些炸弹，并不会让对手们知道它们是从哪里落下，这正是"褐色轰炸机"的由来。

不仅乔·路易斯的进攻能力是超强的，他还是一位出色的角落击打专家兼防守大师。他有时会靠在围绳躲避拳头，有时通过打一些软弱的刺拳来伪装自己，好像受到了严重的打击，事实上，那只是乔·路易斯高超战术的手段之一。乔·路易斯经常将左手放低，给对手的右手拳暴露很大的开阔地带，然后环绕着拳台出拳，吸引对手过来，然后用他的拳头去打击对手。

施梅林是 20 世纪 4 位非美国籍的世界重量级拳王之一。1930 年，施梅林战胜了当时的美国世界重量级拳王沙基后，成为现代拳击历史上第 2 位非美国籍的世界重量级冠军。1936 年 6 月 19 日，施梅林在与被称为"褐色轰炸机"的乔·路易斯的对决中，击倒对手爆出冷门，乔·路易斯遭受了首次失利。

1938 年 6 月 22 日，已经是世界重量级拳王的乔·路易斯与施梅林进行了第二次大战。当时正值第二次世界大战前夜，为了鼓励乔·路易斯打败施梅林，当时的美国总统罗斯福破例在白宫召见了这位黑人拳王，在简短的会见中，总统先生满怀深情地说："乔，我们需要你这样肌肉丰满的人打败德国人……记住，你的身后不仅有黑人，还有白人……"乔激动了，他感到了一种从未有过的力量在冲击着自己。而希特勒也叫嚣，施梅林一定能够打败被美国公众认可的黑人乔·路易斯，双方的敌对情绪一触即发。

举世瞩目的"世纪之战"终于打响了，比赛只进行了 2 分 4 秒，施梅林便被路易斯 3 次击倒不起。体育馆沸腾了。美国的许多报刊皆大欢喜，他们把乔·路易斯的这场比赛看成是美国国家和美国黑人的重大胜利，报道中不乏溢美之词。更难得的是，对许多人来说，乔·路易斯以打败施梅林的事实打破了白种人优越的神话，当然，比赛结果对希特勒德国来说，也不啻当头一棒。同时，经此一战，乔与许多包括黑人在内的有色人种选手作为美国的代表大范围地参加国际赛事已被广大美国人所接受，这在美国民权史和体育史上都具有里程碑式的意义。

1957年，施梅林曾在回忆这场比赛时说："回首这场比赛，我很高兴输给了乔·路易斯。可以想象，如果我得胜回到德国，本来我与纳粹没有任何关系，但他们将会授予我一枚勋章。那么战后，我也许会被认为是一个战争罪犯。"

乔·路易斯与对手的激烈搏斗

1981年4月12日，乔·路易斯因心脏病逝世。恶噩传来，震动了整个美国，几乎美国所有的报纸都刊登了社论和大量介绍乔·路易斯生平的文章，对他给予了极高的评价。4月17日，大约有3000人参加了在曾多次举办过世界拳王争霸赛的凯撒宫为乔·路易斯举行的葬礼，乔的遗孀沃萨说：乔的一切都是公开的，乔的朋友遍天下。如果他们愿意的话，他们都有权来和他告别，乔是属于大家的。

在葬礼上，美国著名黑人民权运动领袖杰西·杰克逊在乔的灵柩前以低沉缓慢的声音说："这不是一次葬礼，而是一次庆祝会，我们荣幸地有一位在我们最困难时拯救我们的伟人和巨人……由于乔的出现，我们才得以从社会的最底层挣脱出来，从奴隶变成世界冠军。通常，冠军是踩在国家和人们的肩上，而这里恰恰相反，国家坐在英雄的肩上，这位英雄就是乔·路易斯！乔·路易斯！我们热爱你的名字，让我们给乔热烈地鼓掌吧，使他能感受到和听到我们做的这一切都是为了这位冠军。"

作为一代拳王，乔·路易斯享有除阿灵顿以外的任何国家公墓下葬的权利，时任美国总统里根却下令，让乔·路易斯在阿灵顿公墓永远地安息。

维利·派普

维利·派普，1922年9月19日出生于落基山，16岁辍学后开始拳击生涯。1940年7月，不满18岁的派普开始步入职业拳击阵营。

1945年3月14日被征召入伍。1958年9月宣布正式告别拳坛。2006年11月23日，84岁的传奇拳王维利·派普在落基山养老院因患阿尔默兹症燃尽了生命之烛而阖然辞世。

最年轻的的羽量级拳王

1940年7月，不满18岁的派普开始步入职业拳击阵营。他在第一年就赢得了11场比赛，次年又连续取胜20场，到1942年12月，他的战绩为56场全胜。刚刚20岁的派普在1942年11月15回合击败了莱特，从而成为40年来最年轻的羽量级拳王。

1943年3月19日的卫冕战中，拥有63场连胜骄人战绩的派普以点数败给轻量级挑战者安特后，派普没有一蹶不振，在接下来的4年时里取得了73场比赛的胜利。其中包括几场伟大的世界羽量级拳王卫冕战：15回合战胜巴图洛、泰兰瓦、12回合击倒莱斯利及10回合KO塞拉。

1947 年 1 月 8 日，他乘坐的飞机在新泽西州附近失事，机上的大部分人都当场殒命，派普腿部及背部也多处受伤。同年 5 月派普重新回到了训练场上，一个月后在与维克多·弗洛里斯的 10 回合交锋中赢得了胜利，使得保险公司拒绝支付给他那份巨额空难赔偿。

派普是唯一一位没有打出一拳就获得了一轮比赛胜利的拳手。在与杰基·格雷福斯比赛的第三轮，派普像猴子一样跳来跳去，没有让格雷福斯打上一拳，而且自己也没有出拳，最终派普还是获得了胜利。派普的速度、灵活性、身体柔韧程度都是绝大部分拳手所不具备的。

1948 年 10 月 29 日，派普迎来了最硬的对手山迪·桑德勒，个子及实力较派普占优的桑德勒 4 回合打倒派普，结束了其长期在擂台上的统治。

维利·派普

1949 年 2 月 11 日的重赛中，派普重新夺回失去的拳王宝座，这场大战后来被《拳台》杂志评为 1949 年的年度最佳赛事。

1950 年 9 月 8 日，派普与桑德勒在亚克体育馆展开了第三次大战，最终点数告负。1951 年 9 月 26 日，派普与桑德勒展开了第 4 次也是最后一次对决。这场比赛也是拳击历史上最野蛮、犯规次数最多的一场比赛。整个比赛都弥漫着火药味，两个选手都严重受伤，最终在第 9 个回合，派普因右眼受伤而被迫退出了比赛。

1958 年 9 月 20 日，在派普的 36 岁生日前夕，他进行了生平最后一场伟大的比赛，对手是无冕之王柏司。在前 9 个回合，派普一直在裁判

的计分表上领先，但接下来，柏司两次击倒派普并最终结束了比赛。接着派普在一场 10 回合的比赛中再次负于对手后，心灰意冷宣布正式告别拳坛。

为了生计，派普在 42 岁那年再次踏进了围绳，并取得了 9 连胜。1966 年 3 月 16 日，43 岁的派普与卡文·沃兰德进行了生平最后一场比赛，以 6 回合失利的结果告别了一代拳王的擂台生涯。

伦诺克斯·刘易斯

伦诺克斯·刘易斯，拳击运动员，为人拘谨，谦虚，颇有绅士风度，性格不张扬，场外新闻也较少。

充满力量的拳击王者

刘易斯 1965 年 9 月 2 日生于英国伦敦，12 岁时移居加拿大。他受训于著名教练斯图沃德和奈特。

1984 年和 1988 年，刘易斯两次代表加拿大参加了奥运会，前一次在四分之一决赛中输给了后来夺得金牌的美国人比格斯；后一次则在决赛中击倒了后来成为世界重量级拳王的美国人里迪克·鲍，为加拿大夺得了汉城奥运会唯一的一枚

伦诺克斯·刘易斯

拳击金牌。最终刘易斯取得了 75 胜 7 负，58 场比赛击倒对手的业余拳击纪录。

刘易斯有一手出色的刺拳，还有出众的左勾拳和右手重拳。其命中对手胸部的右上勾拳也是令人生畏的，他险胜莫塞尔一战便证明了这一点。

1988 年汉城奥运会后，刘易斯在教练达文波特的指导下转为职业拳手，达文波特替代了前教练科里亚，后达文波特又让位于著名教练斯图沃德。刘易斯早期的大部分比赛都是在伦敦举行的。1991 年，刘易斯在六回合击倒欧洲重量级冠军马森和前世界重量级冠军韦弗后，开始进入了世界拳击舞台。同年，他用三回合撂倒了比格斯，报了奥运会输给此对手的一箭之仇。

1992 年，刘易斯在世界重量级拳王挑战资格赛中，两回合将加拿大人"剃刀"拉多克击出了拳台。此后他获得了与打败霍利菲尔德的"新科状元"里迪克·鲍争霸的机会。开始里迪克·鲍欲与刘易斯一较高低，但后来里迪克·鲍以种种理由拒绝接受刘易斯的挑战，在世界拳击理事会（WBC）多次警告的压力下，鲍只好放弃了该组织的冠军头衔，刘易斯遂成为了 WBC 的新掌王。

首场卫冕战刘易斯十二回合点数击败了前 IBF 重量级冠军塔克。此后他又七回合放倒了同胞"击倒艺术家"布鲁诺。1994 年 5 月，刘易斯八回合挫败了杰克逊。但同年 9 月 24 日，在伦敦刘易斯爆冷被美国人迈考尔击出拳台，丢掉了冠军头衔。1997 年 2 月，刘易斯在重赛中打败了迈考尔，复仇成功。此后，刘易斯先后打败了阿金旺德、戈洛塔、布里奇斯和马富洛维奇等新老名将，卫冕成功。

在刘易斯的拳击生涯中，他打得最漂亮的战役是两回合擒拿拉多克，六回合撂倒美国白人拳王莫里森和一回合速胜波兰"坏小子"戈洛塔。最艰难的一场比赛是 1996 年 5 月 10 日在美国麦迪逊广场花园十回合点数艰难险胜默塞尔。在这场许多人都认为默塞尔会赢的比赛中，刘易斯与这位美国人激战到了最后一回合。

1999年3月13日，刘易斯在美国的麦迪逊广场花园与WBA和IBF重量级拳王霍利菲尔德大战了12个回合，刘易斯明显占优，获胜已是一个不争的事实。然而，由于美国女裁判威廉姆斯的明显偏袒，致使比赛以平局收场。此事引起了全球舆论和媒体的强烈不满，纷纷指责这是典型的舞弊贿赂行为。同年11月，刘易斯再胜霍利菲尔德，成为WBC、IBO和WBA、IBF四个拳击组织的拳王，证明了他是当时世界无可争议的重量级冠军。

2000年4月29日，刘易斯在美国的麦迪逊广场花园仅用了不到两个回合，就将巨人——身高2.06米，体重255磅的格兰特击出了拳台，让全世界观众目睹了一场精彩的和惊心动魄的"杀手屠龙"的好戏。

2000年11月12日，刘易斯在美国拉斯维加斯举行的WBC、IBO和IBF拳王卫冕战中，打满十二回合，点数挫败了挑战者新西兰拳手图阿。虽然获胜，但是刘易斯在顽强的图阿面前，并没有打出大家预想的精彩场面而颇受非议。

2001年4月22日，刘易斯在南非被新人拉曼挑下马，丢掉了WBC、IBO和IBF三条拳王腰带。此后，刘易斯通过打官司，成功获得了与拉曼直接重赛的机会。2001年11月17日，刘易斯从拉曼手中夺回WBC、IBO和IBF三条拳王腰带。2002年击倒泰森，使刘易斯的事业达到了顶峰。2003年，刘易斯退出了拳坛。

应该说刘易斯无愧于拳击历史上最伟大拳王的称号。他的拳击是力量、技术和智慧的完美结合。刘易斯在其职业生涯中打败了同时代的所有高手。刘易斯退役后，重量级拳击显得索然无味，没有一位选手能真正接替他坐热拳王宝座。

弗洛伊德·梅威瑟

　　弗洛伊德·梅威瑟是当今世界职业拳坛最具天赋的拳手之一，也是当今世界的超级拳王之一。

弗洛伊德·梅威瑟

　　身体柔韧性好、速度快、脚下移动灵活、出色的躲闪、擅长搂抱和围城打法、体力充沛、智勇双全、以擅长防守反击的中远距离的技术性打法而见长。在比赛中，梅威瑟很少受伤，打完比赛，脸上总是干干净净，因此大家称他为"漂亮男孩"。

拳击场上的"漂亮男孩"

　　梅威瑟至今保持着45胜全胜的骄人战绩，而且其中有26场比赛是击倒对手获胜的。梅威瑟在其职业生涯中曾经击败过卡斯蒂洛、克拉雷斯、加蒂、尤达赫、哈顿、马奎兹等一大批名将，战绩显赫。梅威瑟出生于一个拳击世家，其父亲老梅威瑟、叔叔罗吉都曾是著名的拳手。梅威瑟从小就受到家庭的熏陶，在父亲的指导下开始练习拳击。

　　1996年亚特兰大奥运会，梅威瑟代表美国队获得了一枚羽量级铜牌。同年他转入了职业拳坛，开始了新的篇章。在比赛中，梅威瑟善于动脑，加上精湛的拳击技巧和灵活多变的拳法，每战必胜。从1996年至 2007 年，梅威瑟从次轻量级一路升级到超次中量级，获得了五个级别的拳王头衔。比赛中，他唯一的缺点就是重拳力度不够，很多时候在场面占优的情况下，无法 KO 对手，进攻能力比不上霍亚、特立尼达德等"击倒艺术家"。2001 年梅威瑟向金童霍亚发起了挑战，但被霍亚一口拒绝。

时隔几年，梅威瑟在拳坛上又取得了更为瞩目的成就。2005 年度梅威瑟还被评为年度最佳拳手。2007 年是梅威瑟最辉煌的一年，5 月他战胜了奥斯卡·德拉·霍亚，不仅名声大振，而且获得了 100 多万美元的酬金，一举上升为当年体育富豪榜的前 20 名。12 月梅威瑟又击倒了此前保持不败战绩的英国白面杀手里奇·哈顿，再塑辉煌。2007 年他又再次被评为年度最佳拳手。

随着年岁的增长，卫冕场次的增多，梅威瑟更加老道成精。不求好看，只需胜利，花最小的代价赢得比赛的胜利成为他近年来征战拳台的指导思想，其功利性掌控比赛节奏的拳击风格也渐被拳迷所诟病，甚至有些拳迷质疑他的重拳力度和抗击打能力。也不能全怪拳迷们的质疑，近年来梅威瑟的比赛很少出现激烈对攻的场面，他精湛的拳技、灵活的步伐、成熟的心理、老道的经验，往往不战而屈人之兵。其登峰造极、天衣无缝般的提肩缩脖防守又让对手很难找到重拳发威的机会，抗击打能力也就无从验证。

2004 年升级后的两场比赛打得并不好看，更让拳迷对梅威瑟存有一种力尽于此的感觉，2005 年 6 月 25 日迎战硬汉加蒂，被拳迷们普遍认为是一场硬仗，遇到有着拼命三郎之称的加蒂定然讨不到好处。然而，梅威瑟 6 个回合的完美表演彻底征服了观众，也把人们印象中不错的加蒂打入了三流拳手的行列。前手刺拳屡屡得手，后手直拳频频奏效，左右手勾拳开始发威，多波次的组合拳越打越顺，到了后来，加蒂唯一能做的只是展示自己的抗击打能力了。6 个回合不光在拳技上打败了加蒂，更摧毁了他的信心和斗志，以臻第 7 回合开始的铃声敲响后不再愿意走向拳台中间，主动放弃了比赛。

2007 年 5 日 12 回合以略有争议的点数优势战胜金童霍亚，又一次书写出其职业生涯精彩的一笔。

里奇·哈顿，英国拳手，绰号白面杀手，以凶猛的进攻而见长，不擅长防守，传统右式，是继刘易斯退役后，英伦三岛拳坛上最闪耀的两颗明星之一（另一位为卡尔扎合），现 IBO 次中量级掌王。

"漂亮男孩"弗洛伊德·梅威瑟

哈顿征战拳台十多年，保持职业战绩全胜的势头并多次卫冕成功，但因其全部的比赛都是在英国本土作战，占尽天时地利人和，所以虽说成绩斐然，但是除了英国拳迷之外，他的实力一直不为人们所肯定，拳迷戏称其"城堡之王"。不过哈顿体能超强，死缠烂打、全场比赛压迫式打法的比赛风格独树一帜，想必曾与其对垒过的拳手都深有体会，拳迷们对此也是有爱有恨，褒奖不一。

这是一场不同拳击风格之间的较量，也是检验谁才是真正超级拳王的试金石，弗洛伊德·梅威瑟不愧是一位天才的拳手，这场完美的胜利证明了他是真正的王中王。

一场近年来难得一见的精彩赛事，两位拳手都发挥出了各自技术特点，只是遇到的对手不同，呈现出来的效果就不一样。哈顿的进攻力度是不容置疑的，与梅威瑟的对决，只是更加证明了梅威瑟防守技术的高超。梅威瑟进攻才华在这一场比赛中，得到了充分展示，最后几个回合的上下结合，多点进攻，彻底打乱了哈顿的防守，显示出梅威瑟不同于一般拳手的战术素养和战局把握能力。同时，梅威瑟在体能分配和比赛节奏上也把握得很好，尤其是背靠围绳时的不过分纠缠，适时调整，对他的体力节省有很大的帮助。而且在临场战术上也很有层次，有远距离的游斗，也有近距离的纠缠，不一味防守，一有机会就向对手进攻，保证了整场比赛都让对手在一定的压力之下。

哈顿也发挥出了自己的技术特点，执着的进攻理念始终贯穿着他全场的比赛，哪怕被击倒，也会战斗到最后一刻，虽败犹荣，值得人们敬重！当然，其碰到的是攻守平衡，防守更堪称完美无缺的梅威瑟，输也在情理之中，这就是超一流拳手与一流拳手之间的区别。

熊朝忠

熊朝忠，1982年10月3日出生，云南文山人，中国职业拳击运动员。一个煤矿坑里成长起来的穷孩子，为了生活和梦想而走上职业拳击之路，之前无任何专业队训练经历，他拥有 IBF 泛太平洋区蝇量级金腰带和 WBC 亚洲区蝇量级金腰带。

2012年6月16日，熊朝忠获得世界拳击理事会（WBC）银腰带。2012年11月24日，在昆明举行的 WBC 迷你轻量级世界拳王

熊朝忠

金腰带争霸赛中，熊朝忠战胜墨西哥拳王哈维尔·马丁内斯，成为中国首位世界职业拳王。

中国职业拳击开创者

熊朝忠是世界拳王，中国男子职业拳击开创历史的第一人。

2006 年开始从事职业拳击生涯。职业战绩：26 场比赛 21 胜 4 负 1 平，其中 11 次 KO 对手获胜。8 次卫冕 WBC 亚洲区轻量级金腰带，是中国第一位世界拳王金腰带得主。他出拳凶狠，体力充沛，擅长中近距击打，左手勾摆拳具有很强的杀伤力。熊朝忠从一名拉煤工，成为一名职业拳击手，经过 26 次拳台上的浴血鏖战，先后战胜泰国选手查坎、日本全国冠军靖明佐藤、墨西哥选手马丁内斯、菲律宾选手奎罗等多国名将，八次卫冕 WBC 亚洲拳王金腰带，一次卫冕世界拳王金腰带，成为世界拳坛上展示光荣中国力量的英雄。获得中国职业拳击排名第一，WBC 世界冠军，拥有三条 WBC、IBF 洲际拳王金腰带、一条世界拳王金腰带（还需再成功进行两次卫冕才可终身拥有），被称为"苗族拳王"、"中国小泰森"、"中国男子职业拳击第一人"。

熊朝忠是云南省文山壮族苗族自治州马关县夹寒箐（qìng）镇么龙村委会岩蜡脚村人，家里排行老二，还有一个哥哥和一个弟弟，父母都是农民。在读完职高一年级后，熊朝忠就选择了退学，找工作养家。

2000 年，退学后在一个矿洞里找了一份拉煤的工作，

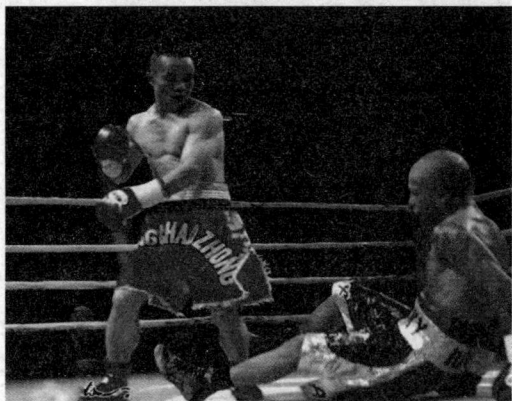

熊朝忠击倒对手

每天工作时间超过 10 小时，完全是靠体力吃饭，一天的工资 10 元。

熊朝忠通过表哥的介绍，了解到云南拳王叫徐丛良，拳击经纪人刘刚，还有个众威拳击俱乐部在昆明，2006 年春节一过，小熊带着父母积攒的 600 元和表哥那里借的 1000 多元钱来到昆明。

2008 年 3 月 21 日，仅用 2 分 28 秒的时间 KO 实力强劲的泰国选手龙猜·卡瑟（32 战 10 胜），夺取 WBC 洲际拳王金腰带，并被冠以"小泰森"的称号。

2009 年 5 月 26 日，赴日本挑战 WBC 世界拳王内藤大助（39 战 2 负），在身高、臂长和比赛经验都有明显差距的情况下，第 6 回合击倒对手一次，苦战 12 回合"惜败"。虽败犹荣，拳王内藤大助在本次比赛中被打得满台跑，两眼挂彩，以微弱优势卫冕。NHK 比赛收视率超 16.2%。此战后，熊朝忠名气大增。

2010 年 7 月 9 日晚，世界拳击理事会 WBC 洲际金腰带争霸赛在昆明世博花园酒店举行。经过 10 个回合的艰难对决，熊朝忠分别以 98 比 94、98 比 94 和 96 比 94 点数击败来访的日本选手靖明佐藤，夺得其个人职业生涯的第二条 WBC 洲际金腰带。

中国首位世界职业拳王——熊朝忠

2011 年 6 月 4 日，熊朝忠在四川会理县进行一次卫冕战，打满 12 个回合，击败菲律宾挑战者特加雷斯（33 战 18 负），卫冕 WBC 洲际头衔成功。

此时，熊朝忠职业战绩 20 战 16 胜 3 负 1 平，10 场 KO 对手。他在世界四大职业拳击排名是：世界拳击理事会（WBC）世界排第 10 名，世界拳击协会（WBA）世界排名第 15 名，国际拳击联合会（IBF）世界排名第 12 名，世界拳击组织（WBO）世界排名第 14 名。

2012 年 6 月 16 日，世界拳击理事会（WBC）轻羽量级银腰带世界冠军赛在昆明开战，在当天晚上，熊朝忠获得银腰带，成为中国第一个冲击 WBC 金腰带的选手。

2012 年 11 月 24 日晚，在昆明市体育馆进行的中国第一场世界级拳王争霸赛中，熊朝忠历经 12 个回合的精彩拼打，以 3 比 0 一致判定击败墨西哥拳手哈维尔·马丁内斯，荣获 WBC 职业拳击迷你轻量级冠军。这是中国人历史上第一次获得职业拳击的世界级金腰带，熊朝忠创造了中国职业体育的历史。

邹市明

邹市明，奥运冠军，中国男子拳击队 48 公斤级拳击运动员，2000 年成为国手。进入国家队后，邹市明拿过 48 公斤级 20 个全国冠军，是国内在该级别上最有实力的选手。

2008 年北京奥运会拳击 48 公斤比赛中获得金牌。2012

邹市明

年 8 月 12 日，获得伦敦奥运会男子拳击 49 公斤级冠军，成功卫冕。2013 年 4 月 7 日，职业首战轻松获胜。

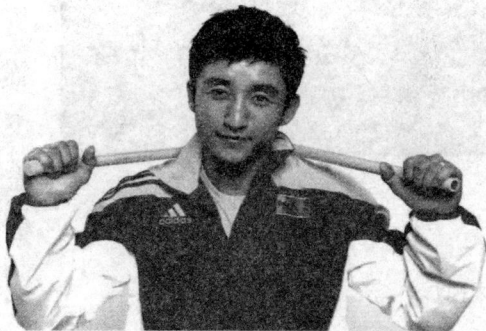

中国首个卫冕拳击的奥运冠军

邹市明 16 岁进入贵州拳击队，2000 年成为国手。开创了"海盗式"拳击。所谓"海盗式"拳击，就是拳击时如同海盗一样迅捷、勇猛，其表现为"一击命中，立即遁开。和"防守撤退时，突然出拳反击，并得分"。即绝不让对手轻易击中，就算被击中，也要同一时间反击回来。

邹市明的这种打法已经成为拳坛的一个技术性课题。然而，邹市明这种打法的成功还是得益于他从小练就的武术功底。从 14 岁开始练习

武术，他习武的理由有些让人忍俊不禁，"小时候总被女孩欺负，额头有些伤痕就是小时候被女孩抓伤的，我不想老是被人欺负，又喜欢看成龙的电影，于是开始练武术。"

16 岁的时候，邹市明参加体校一个推广拳击的活动，结果被教练一眼看中，从此改练拳击，并结下不解之缘。无疑，邹市明是中国拳击的领军人，而他的成长经历与武侠小说中的侠客们还真颇有几分

训练中的邹市明

相似。

2004 年获雅典奥运会的铜牌，实现了中国拳击奖牌零的突破。

2008 年北京奥运会男子拳击轻量级（48 公斤级）决赛中，邹市明最终力克蒙古选手普列布道尔吉·塞尔丹巴，历史上第一次获得奥运会男子拳击 48 公斤级冠军，这也是中国军团本届奥运会斩获的第 50 枚金牌。

2012 年伦敦奥运会男子拳击轻量级（49 公斤级）决赛中，邹市明最终战胜泰国名将卫冕拳坛冠军，为中国奥运军团夺得第 38 枚金牌。

早在 2008 年北京奥运会，邹市明获得第一块奥运金牌时，就对职业拳击生涯有了憧憬，但为了 2012 年伦敦奥运会，他将自己的职业拳击梦推迟了 4 年。2007 年 8 月，带着伤痛的邹市明挑战自我，成功卫冕了冠军。于

中国拳王邹市明首秀职业赛

是，被搁置的职业拳击梦，又被重新点燃。

2013 年 1 月 23 日，邹市明亮相新闻发布会，宣布正式进军职业拳坛，邹市明职业亮相战在 4 月 6 日于澳门的威尼斯人酒店进行，最后通过 4 回合激战以 40 比 36 点数优势击败墨西哥小将巴伦祖拉，转为职业拳手之后首场比赛顺利取胜。

此时选择转型的邹市明可以说是在功成身退之后，又踏上了一条全新的征途。邹市明对此谦虚地表示："尽管我是两届奥运冠军，但是对职业选手来说我还是一名新人，我将努力地学习和训练，实现我的职业梦。"

张小平

2008 年北京奥运会拳击男子 81 公斤级决赛中，来自内蒙古大草原的中国选手张小平 11 比 7 击败对手，为中国夺得本届奥运会的第二枚

拳击金牌，同时也是中国代表团本届奥运会的第 51 枚金牌，我国奥运拳击在重量级级别上取得了重大突破。

中国拳击界的"黑马"

张小平

"黑马"成了张小平的代名词，他也确实是中国拳击队一匹不折不扣的黑马。大级别拳击比赛例来是欧美选手的天下，张小平所在的 81 公斤级强手如林，是竞争最为激烈的一个级别，而在奥运会开赛之前，张小平其实也没被列为争金点。尤其是抽签分组结束后，张小平的分组也不是很理想，然而这位蒙古族汉子竟然凭借骨子里那股不服输的劲头连克俄罗斯、哈萨克斯坦等国强手，一路杀入了决赛，最终问鼎冠军。

张小平的身上文着一匹黑色的飞马，"天马，越飞越高，自由飞翔。"这是他对这个文身的注解，也是对自己的注解。这也是他为自己立下的目标：奥运会上，他要当"大黑马"，他要当飞马！几经努力，梦想果然成真。赛后他说："大家都说我是最大的黑马，比赛之前，谁也没想到会拿到这个成绩。所以叫我黑马，我感觉挺恰当。"

张小平的确是从内蒙古锡林郭勒大草原一路奔来的骏马，他从一个世界排名靠后的拳手成长为一名奥运会冠军，也从一匹籍籍无名的小马驹长成了一匹举世瞩目的大黑马。

1982 年出生于内蒙古锡林郭勒盟的张小平，是一个地地道道的蒙古族汉子。1998 年年初，年仅 16 岁的他加入内蒙古体工三大队，被曾经参加过巴塞罗那奥运会、时任内蒙古拳击队主教练的朝鲁慧眼识中，从此踏上了拳击的道路。由于这个小伙子臂展比身高还长，头脑也非常灵活，很多其他项目的教练都觉得他是个很有潜力的苗子。没过多久，摔跤队就把他给挖走了。但朝鲁始终惦记着张小平，半年之后，他又想尽办法把张小平给要了回来。

朝鲁这位阅材无数的伯乐果然没有看错，张小平自从加入拳击队，就立志成材，虚心好学，刻苦训练，成绩提高非常快。入队第二年（1999 年）就获得全国青年锦标赛第二名；2001 年获得全国九运会第五名；2002 年获得全国锦标赛第二名；2003 年获得全国冠军赛第一名；2004 年获得全国冠军赛第一名；2005 年获得全国获得全国锦标赛第三名，全国第十届运动会第三名；2006 年获得全国拳击锦标赛第一名；2007 年获得全国拳击锦标赛既世界拳击锦标赛选拔赛第一名，第 24 届亚洲拳击锦标赛银牌，全国精英赛第一名。

随着训练年限的增长和技战术水平的提高，张小平在中国大级别拳击运动中占据了一席之地，曾多次入选国家队，2005 年长期入选中国拳击队，与朝鲁教练一道征战国内外比赛，并参加了欧洲巡回赛和第十五届多哈亚运会。

"黑马"的成长之路从来不是一帆风顺的，而是荆棘丛生的。在 2005 年十运会上，张小平迎来了拳击生涯中第一次大的打击。作为国家队队员，他是十运会夺金大热门，没想到，关键时刻他却失了手，止步四强。多哈亚运会上，张小平首战告负，他

比赛中的张小平

的信心再次受到了打击。早早成名，但却连遇挫折，那段时间张小平背上了沉重的心理包袱。2007年世锦赛上，张小平因为在比赛前一天激动得没睡好觉，导致在比赛中体力严重下降，最终输给了哈萨克斯坦选手西纳利耶夫，被挡在了八强之外，也失去了直通北京奥运会的绝佳机会。

但是张小平并没有因此而丧失信心、意志消沉，而是更加积极刻苦地进行训练。为了完成教练员布置的高强度训练计划，他强忍着长年积累的伤病之痛，认真做好每一个技术动作。为了参加81公斤的比赛，身高1.92米的他要把体重控制在85公斤以下。控体重是运动员最难熬的关口，既要保证有充分的体力参加训练比赛，还要保证体重不超过规定范围，吃饭、喝水都要严格控制。进行完高强度训练的运动员却不能多吃一口、多喝一口，常人难以理会其中的滋味。特别是张小平既要在国内比赛中保住种子积分，又要在国际大赛中锻炼提高，一年要控4～5次体重，他的肠胃功能大大下降。张小平凭着坚强的意志和对拳击事业的热爱，将各种困难一一克服，以最好的精神面貌和竞技状态去迎接挑战。

"天道酬勤"，2008年2月，在泰国曼谷举行的北京奥运会拳击选拔赛赛场上，张小平首轮以18∶9战胜多哈亚运会铜牌得主伊朗运动员穆赫迪，半决赛以21∶7挑落印度选手闯入决赛，并一举夺得这次比赛的冠军，获得了北京奥运会81公斤级拳击比赛的入场券。

张小平获北京奥运会拳击男子81公斤级冠军

　　带着回报祖国和家乡的愿望，带着实现运动员价值的梦想，张小平踏上了奥运会的征程。他是第一次参加奥运会，并且在世界拳坛上籍籍无名，所以赛前并不被看好，他给自己定下的目标是踏踏实实打好每一场比赛，保五争三，冲击奖牌。但是正是这个被人们不看好的蒙古族小伙子，用他的实力、用他的拳头创造了奇迹，创造了中国拳击史、内蒙古体育史上的辉煌！

　　"黑马"之路并不平坦，这一路闯得太不容易，刚进入 1/8 决赛，张小平就遭遇到了世锦赛亚军、俄罗斯选手阿尔图尔·别特比耶夫。但他毫不畏惧，在比赛中进攻非常积极，最终以 8：2 大胜对手，爆出了奥运会拳击场上的一个大冷门。半决赛遇到哈萨克斯坦选手西纳利耶夫，比赛打得更为惊险。4 个回合下来，双方战成 4：4 平，张小平以小分优势涉险晋级。24 日的决赛中，他一鼓作气击败肯尼·伊根，终于为中国再赢一枚金牌。

　　厚积而薄发，台上一分钟、台下十年功，每一枚金牌的背后都是数不尽的汗水。在奥运备战期间，张小平虽然不是中国拳击队的重点队员，但教练依然对他"关照"有加。每次训练中，他都需要同时面对 4 位身材健壮的队友的轮番攻击，只有按照教练的要求把 4 个队友全都打败，他才可以有休息的机会。没有坚强的毅力，是绝对无法完成这种"魔鬼训练"的。张小平挺下来了，哪怕在奥运会上成绩一般，他也是英雄。更何况，张小平现在还是奥运冠军得主，他的这枚金牌更是中国拳击的一个新突破。在体能、技术、反应等方面，教练一直在对张小平进行强化训练，此外，观看对手的比赛录像，对对手的技术特点进行详尽分析，也是拳击队每天都要做的功课。正是在这种日复一日的艰苦、枯燥的磨炼中，张小平终于站到了奥运会最高领奖台上。

　　张小平是一位平时少言寡语、温文尔雅的人，但他在外国记者和观众面前表现得不卑不亢。获得冠军后有记者问他，如果决赛的地点换在爱尔兰（决赛对手的国家），你觉得你还会赢吗？言外之意，是不是今天主场观众的热情给他帮了忙，张小平的回答言简意赅："我想会是同样的结果。"显示了王者的霸气、中国的骨气和百倍的自信与勇气。

张喜燕

中国女子拳击领军人物，世界女拳王。

女子拳王张喜燕

张喜燕 1980 年出生在哈尔滨，母亲自生下喜燕后就百病缠身，一直卧床不起，她是由父亲一手带大的。张喜燕的父亲曾是举重运动员。受父亲的影响，张喜燕从小就喜欢体育，她先后练过拳击、散打、跆拳道、中长跑竞走等体育项目。9 岁那年还练过 3 个月的体操。

1995 年，哈尔滨体校招生吸引了 15 岁的张喜燕，她去报名练拳击。仅仅 40 天后，那个还只会左右手直拳的张喜燕就代表哈尔滨拿到 48 公斤级的第二名。两年后，她又取得了全国女子拳击邀请赛 58 公斤级第三名。

张喜燕

　　但是，张喜燕的成功之路注定十分坎坷。1998 年，张喜燕 18 岁生日后没多久，母亲就因尿毒症去世。4 个月之后，父亲又突发脑出血，抢救过来后，右半身瘫痪，成了半植物人。由于无力支撑一天 1000 元钱的住院费用，张喜燕把父亲接回家中，她不得已退学了，拳击体校也不去了，边打工挣钱边为父亲治病。

　　从 1999 年到 2001 年，喜燕当过小饭店的服务员，做过擦玻璃、洗衣服的小时工，洗浴中心的卫生员，还去过牙科

生活中的张喜燕

医院打工，尽管打了这么多份工，由于都是体力活，喜燕一月的收入只能保持在三百多块。这几年里，她痛苦地告别了 5 尺拳台，跟拳击没有了任何联系。

　　2001 年 6 月份，张喜燕原来训练体校的教练找到了她，希望她能去打比赛。这是一个全国性的比赛，两年没训练了，但是一回到 5 尺拳台，戴上拳击手套，张喜燕就又找回了昔日的感觉。那次比赛，她拿了个第二名。也正是这次比赛，成为她人生的转折点。

　　比赛之后，哈尔滨一家拳击俱乐部的教练找到喜燕打工的地方，提出每个月给她一些经济支助，让她去练拳。因为要照顾父亲，张喜燕很犹豫。但是她的父亲虽然还不能完全自理，却不愿成为女儿的负担，于是他坚决地支持女儿。于是，张喜燕又正式回到了拳台，重新开始拳击生涯。当真正踏上训练场时，喜燕觉得时隔三年之后，一切又回来了——练拳的机会，还有父亲的健康。

　　2002 年，俱乐部的田东教练去长春当教练，张喜燕不得已转战沈阳体院。张喜燕委托同学、邻居每三天给父亲买一次菜，自己则一个月

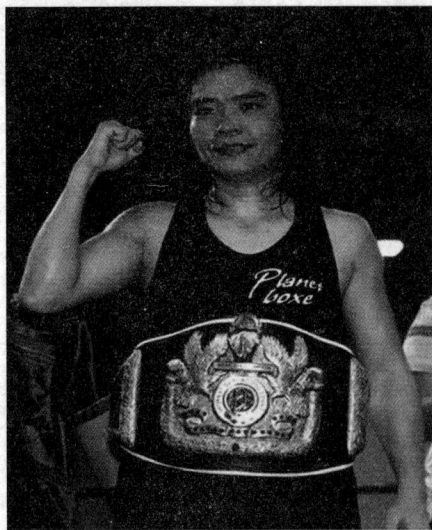

佩戴金腰带的张喜燕

从沈阳回一趟家。

但是，上苍对张喜燕的考验仍然没有结束。就在她到沈阳体院上学的第二个月，哈尔滨传来噩耗：张喜燕的爸爸又病倒了……奇迹没有发生，六天六夜的抢救后，爸爸去世了。

背负着沉重的心理负担，张喜燕又回到了拳击队，除了冠军，她想不出还有什么能告慰父亲。当年8月，全国拳击比赛，张喜燕以绝对优势摘得女子54公斤级比赛的冠军。两个月后，张喜燕随队前往土耳其参加第二届世界女子拳击锦标赛，并一举夺得54公斤级冠军。领奖台上的张喜燕想起父亲，哭得像个泪人。这次夺冠也为她挣得1万8千元的奖金，用这笔钱，她还清了父亲住院所欠下的债务。

"宝剑锋从磨砺出，梅花香自苦寒来"，从那以后，再也没有什么困难、什么对手能够击倒张喜燕。凭着坎坷生活所磨砺出的坚强意志，和刻苦训练来的一对铁拳，张喜燕一路打下了54公斤级的全国几乎所有冠军，直到打出了一个WBA的世界拳王。

2008 年北京奥运会拳击奖牌榜

08 月 24 日　拳击男子超重量级（91 公斤级以上）		
	运动员/运动队	代表团
金牌	罗伯托·卡马雷莱	意大利
银牌	张志磊	中国
铜牌	维亚切斯拉夫·格拉兹科夫	乌克兰
铜牌	戴维·普赖斯	英国
08 月 24 日　拳击男子轻重量级（81 公斤级）		
	运动员/运动队	代表团
金牌	张小平	中国
银牌	肯尼·伊根	爱尔兰
铜牌	托尼·杰弗里斯	英国
铜牌	叶尔克布兰·西纳利耶夫	哈萨克斯坦
08 月 24 日　拳击男子次中量级（69 公斤级）		
	运动员/运动队	代表团
金牌	巴希特·萨尔谢克巴耶夫	哈萨克斯坦
银牌	卡洛斯·邦托·苏亚雷斯	古巴
铜牌	金贞珠	韩国
铜牌	哈那提斯拉木	中国

08 月 24 日　拳击男子轻量级（60 公斤级）		
	运动员/运动队	代表团
金牌	阿列克谢·季先科	俄罗斯
银牌	达乌达·索夫	法国
铜牌	约丹尼斯·乌加斯	古巴
铜牌	赫拉奇克·贾瓦赫扬	亚美尼亚
08 月 24 日　拳击男子最轻量级（54 公斤级）		
成绩	运动员/运动队	代表团
金牌	恩赫巴特·巴达尔·乌干	蒙古
银牌	扬基耶尔·莱昂·阿拉尔孔	古巴
铜牌	布鲁诺·朱利	毛里求斯
铜牌	韦亚切斯拉夫·戈扬	摩尔多瓦
08 月 24 日　拳击男子轻蝇量级（48 公斤级）		
	运动员/运动队	代表团
金牌	邹市明	中国
银牌	普列布道尔吉·塞尔丹巴	蒙古
铜牌	扬皮耶尔·埃尔南德斯	古巴
铜牌	帕迪·巴恩斯	爱尔兰
08 月 22 日　拳击男子重量级（91 公斤级）		
	运动员/运动队	代表团
金牌	拉希姆·恰赫基耶夫	俄罗斯
银牌	克莱门特·鲁索	意大利
铜牌	德翁泰·怀尔德	美国
铜牌	奥斯迈·阿科斯塔·杜阿尔特	古巴
08 月 22 日　拳击男子中量级（75 公斤级）		
	运动员/运动队	代表团
金牌	詹姆斯·德盖尔	英国
银牌	埃米利奥·科雷亚·贝奥	古巴

08 月 22 日　拳击男子中量级（75 公斤级）		
	运动员/运动队	代表团
铜牌	达伦·约翰·萨瑟兰	爱尔兰
铜牌	维金德尔	印度

08 月 22 日　拳击男子轻中量级（64 公斤级）		
	运动员/运动队	代表团
金牌	费利克斯·迪亚斯	多米尼加共和国
银牌	玛努·汶尊侬	泰国
铜牌	亚历克西·瓦斯蒂纳	法国
铜牌	罗尼埃尔·伊格莱西亚斯	古巴

08 月 22 日　拳击男子羽量级（57 公斤级）		
	运动员/运动队	代表团
金牌	瓦西里·洛马琴科	乌克兰
银牌	克达菲·杰尔克伊尔	法国
铜牌	沙欣·伊姆拉诺夫	阿塞拜疆
铜牌	雅库普·克勒奇	土耳其

08 月 22 日　拳击男子蝇量级（51 公斤级）		
	运动员/运动队	代表团
金牌	颂集·宗触霍	泰国
银牌	安德里斯·拉菲塔·埃尔南德斯	古巴
铜牌	温琴佐·皮卡尔迪	意大利
铜牌	格奥尔基·巴拉克申	俄罗斯

2012 年伦敦奥运会拳击奖牌榜

男子蝇量级（52 公斤）			
日期	奖牌	运动员/运动队	国家/地区
2012 – 08 – 12	金牌	拉米雷斯·卡拉扎纳	古巴
2012 – 08 – 12	银牌	恩亚姆巴亚尔	蒙古
2012 – 08 – 12	铜牌	科兰	爱尔兰
2012 – 08 – 12	铜牌	阿洛里安	俄罗斯
男子轻量级（60 公斤）			
日期	奖牌	运动员/运动队	国家/地区
2012 – 08 – 12	金牌	洛马琴科	乌克兰
2012 – 08 – 12	银牌	韩淳哲	韩国
2012 – 08 – 12	铜牌	托雷多·洛佩兹	古巴
2012 – 08 – 12	铜牌	彼特劳斯卡斯	立陶宛
男子次重量级（69 公斤）			
日期	奖牌	运动员/运动队	国家/地区
2012 – 08 – 12	金牌	萨皮耶夫	哈萨克斯坦
2012 – 08 – 12	银牌	埃文斯	英国
2012 – 08 – 12	铜牌	扎姆科沃伊	俄罗斯
2012 – 08 – 12	铜牌	舍莱斯丘克	乌克兰
男子轻重量级（81 公斤）			
日期	奖牌	运动员/运动队	国家/地区
2012 – 08 – 12	金牌	梅克霍特切夫	俄罗斯
2012 – 08 – 12	银牌	尼亚齐姆贝托夫	哈萨克斯坦
2012 – 08 – 12	铜牌	Y·法尔考·弗洛伦蒂诺	巴西
2012 – 08 – 12	铜牌	格沃兹迪克	乌克兰

续 表

男子超重量级（+91 公斤）

日期	奖牌	运动员/运动队	国家/地区
2012 – 08 – 12	金牌	约书亚	英国
2012 – 08 – 12	银牌	卡姆马雷尔	意大利
2012 – 08 – 12	铜牌	迪什科	哈萨克斯坦
2012 – 08 – 12	铜牌	梅日多夫	阿塞拜疆

男子最轻量级（56 公斤）

日期	奖牌	运动员/运动队	国家/地区
2012 – 08 – 11	金牌	坎贝尔	英国
2012 – 08 – 11	银牌	内文	爱尔兰
2012 – 08 – 11	铜牌	清水聪	日本
2012 – 08 – 11	铜牌	阿尔瓦雷斯·埃斯特拉达	古巴

男子超轻量级（64 公斤）

日期	奖牌	运动员/运动队	国家/地区
2012 – 08 – 11	金牌	伊格莱西亚斯·索托隆戈	古巴
2012 – 08 – 11	银牌	贝林奇克	乌克兰
2012 – 08 – 11	铜牌	曼吉亚卡普雷	意大利
2012 – 08 – 11	铜牌	乌兰奇蒙	蒙古

男子中量级（75 公斤）

日期	奖牌	运动员/运动队	国家/地区
2012 – 08 – 11	金牌	村田谅太	日本
2012 – 08 – 11	银牌	E·法尔考·弗洛伦蒂诺	巴西
2012 – 08 – 11	铜牌	阿托耶夫	乌兹别克斯坦
2012 – 08 – 11	铜牌	奥格格	英国

男子重量级（91 公斤）

日期	奖牌	运动员/运动队	国家/地区
2012 – 08 – 11	金牌	乌塞克	乌克兰
2012 – 08 – 11	银牌	鲁索	意大利

男子重量级（91 公斤）

日期	奖牌	运动员/运动队	国家/地区
2012 – 08 – 11	铜牌	普列夫	保加利亚
2012 – 08 – 11	铜牌	玛玛多夫	阿塞拜疆

男子次蝇量级（49 公斤）

日期	奖牌	运动员/运动队	国家/地区
2012 – 08 – 11	金牌	邹市明	中国
2012 – 08 – 11	银牌	庞普里亚杨	泰国
2012 – 08 – 11	铜牌	巴恩斯	爱尔兰
2012 – 08 – 11	铜牌	阿拉佩特扬	俄罗斯

女子蝇量级（51 公斤）

日期	奖牌	运动员/运动队	国家/地区
2012 – 08 – 09	金牌	亚当斯	英国
2012 – 08 – 09	银牌	任灿灿	中国
2012 – 08 – 09	铜牌	曼戈特	印度
2012 – 08 – 09	铜牌	艾斯帕萨	美国

女子轻量级（60 公斤）

日期	奖牌	运动员/运动队	国家/地区
2012 – 08 – 09	金牌	泰勒	爱尔兰
2012 – 08 – 09	银牌	奥奇加娃	俄罗斯
2012 – 08 – 09	铜牌	阿罗约	巴西
2012 – 08 – 09	铜牌	乔里耶娃	塔吉克斯坦

女子中量级（75 公斤）

日期	奖牌	运动员/运动队	国家/地区
2012 – 08 – 09	金牌	西尔兹	美国
2012 – 08 – 09	银牌	托尔洛波娃	俄罗斯
2012 – 08 – 09	铜牌	李金子	中国
2012 – 08 – 09	铜牌	沃尔诺娃	哈萨克斯坦